VUCA

変化の時代を生き抜く7つの条件

柴田彰 ＋ 岡部雅仁／加藤守和

日本経済新聞出版社

プロローグ

変わるゲームのルール
——不確実な世界における自分の市場価値

皆さんは世界における自分の市場価値を具体的に答えられるでしょうか？　また、自分の市場価値を高めるための戦略や指針を持って行動しているでしょうか？

長引くデフレ、終身雇用の崩壊、グローバル市場における日本企業の存在感の低下。終焉を迎えた平成はどこか昭和の後始末をしているような時代でした。しかし時はさらに進み、テクノロジーの力で情報は一気に世界中に拡散され、ありとあらゆるニュースや情報がスマートフォンで手軽に楽しめる時代になりました。

スポーツやエンターテインメントの世界では、多くの日本人グローバルプレイヤーが平成の時代に躍進しました。しかしビジネスの世界、特に皆さんのキャリア発展という点ではどうでしょうか？　残念ながら多くの日本人ビジネスパーソンが、今も昭和型のキャリアモデルを体現するような大企業に属しながら、「情報収集や議論はすれども行動せず」という状態から変わっていないように思えてなりません。

著者が所属するコーン・フェリーは、世界最大の組織・人事コンサルティング会社です。グローバルで様々な業態・規模の顧客企業に対して、組織設計、人事・報酬制度設計、経営幹部の後継者発掘やエグゼクティブサーチ、組織エンゲージメント、中間管理職のリーダーシップ開発、タレントマネジメントなど、組織・人材に関する包括的な課題解決を行っています。そのようなプロジェクトの現場で感じるのは今、多くの日本企業が組織・人事に関する大きな岐路を迎えており、それが問題となりつつあることです。

新たな時代を切り開くトップタレントの不足、国をまたいだ企業の買収と統合、職場の高齢化とエンゲージメントの低下、AI（人工知能）や先端テクノロジーを担う専門人材のグローバルレベルでの獲得競争の激化、働き方改革の推進による生産性向上など、いずれも小手先の施策ではなく構造的な改革が求められています。これらは、私たちビジネスパーソンのキャリアや働き方に今後、確実に大きな影響を与えていきます。

本書の主題である〝VUCA〟という言葉に代表されるように、世界の不確実性はさらに増してきています。従来の日本においては、会社が社員に雇用と成長の機会を与えていく「会社主導」のキャリア形成が中心でした。しかし、会社を支える基盤そのものが不安定となった今、ビジネスパーソンにとって会社にキャリアを委ねることのリスクが高まりつつあります。まさに、「ルールが変わった」のです。

コーン・フェリーは、クライアントの組織・人材開発を支援する中で、毎年グローバルで数万人規模の人材のアセスメントを行っています。人材のアセスメントとは、簡単に言えば人材の資質や能力を、科学的かつ客観的に測定するものです。

膨大な人材アセスメントのデータから、現在の混沌とした社会・経営環境の中で〝実際に〟成功している人材を分析し、共通する要件を見出しています。これらの要件は、これからのＶＵＣＡの時代を生き抜くためにビジネスパーソンが身につけるべきノウハウと言っても過言ではありません。

本書では、現在の日本企業における構造的な組織・人事面の課題を明らかにし、時代の変遷を読み解きながら、今後のＶＵＣＡの時代を生き抜くビジネスパーソンに求められる要件とキャリア戦略を論じる構成にしています。

第1章ではＶＵＣＡな現代において日本企業が直面している組織・人事面での課題、第2章では昭和・平成・令和における時代の変遷と新たな時代を勝ち抜く人材の秘訣、第3章ではコーン・フェリーの科学的研究から導き出されたＶＵＣＡの時代においても成長できる人の7つの条件を紹介します。第4章では7つの条件をより深く理解するための具体的な行動事例の紹介、第5章ではVUCAの時代を勝ち抜くビジネスパーソンが考えるべきキャリアの選択肢とその本質に迫ります。

コーン・フェリーは、長年にわたり、多くの日本企業の組織・人事コンサルティングの支援を通して、企業や人材の変革の場面に立ち会ってきました。経営・事業環境の変化をうまく捉え、変化や成長を遂げていく組織・個人がいる一方で、環境の変化に目を逸らし、現状維持を望む組織・個人もいます。

変化への対応が遅れたために、業績不振にあえぐ企業や望まぬキャリアを強いられる社員も少なくありません。現代は、予測不可能なVUCAの時代に突入しており、組織や個人は今まで以上に変化に強くならなければなりません。平成から令和に元号が切り替わりましたが「今」まさにテクノロジーの進化とともに時代が変化しようとしています。「今」という機を逃すと、手おくれになりかねません。

著者は、日本のあらゆる企業やビジネスパーソンがVUCAの時代に突入したことを理解し、変化に対応できる力を身につけていただきたいと強く願っています。ビジネスパーソンにとって、会社は「安住の地」ではなく、自らのキャリアを輝かせる「舞台」に変わりつつあります。

本書には、著者が組織・人事コンサルティングの現場経験から得たノウハウをふんだんに盛り込んでいます。これらのノウハウが、ＶＵＣＡの時代を生き抜く日本人ビジネスパーソンにとってキャリア開発の地図となれば幸いです。

VUCA　変化の時代を生き抜く7つの条件　目次

第3章 これからの時代に成長する人の7つの条件

第4章　VUCAの世界で生き抜く力を鍛える

第5章 先が見えない時代の「勝ち組」キャリア

「使われる」のではなく企業を「活用する」ためには　204

短くなる「企業の寿命」の捉え方　217

第 1 章

これからのビジネス界で生き残る者は誰か

ＶＵＣＡで何が変わるのか

新たな「勝ちパターン」を知る

現代はＶＵＣＡの時代と言われています。ＶＵＣＡとは、「Volatility（不安定さ）」「Uncertainty（不確実さ）」「Complexity（複雑さ）」「Ambiguity（曖昧さ）」の頭文字からなる造語で、「あらゆるものをとりまく環境が複雑性を増し、将来の予測が困難になった状態」を指します。

もともと軍事用語として生まれた言葉ですが、現代のビジネス環境を表現する言葉としても使われるようになりました。今までにない新たなサービスやテクノロジーの出現により急速に発展する企業や産業もあれば、その陰には衰退を余儀なくされる企業や産業もあります。

また、今まで光が当たらなかった産業であっても、思わぬきっかけで注目を集め急浮上する可能性もあります。

メルカリに代表されるフリマアプリの躍進は中古市場を活性化させていますが、一方で、旧来の中古小売業者は熾烈な買い取り競争にさらされています。これらの社会環境の変化

図表1-1
先行き不透明なVUCAの時代に突入

出所：Study.com

は、私たちビジネスパーソンのキャリア選択にも大きな影響を及ぼしつつあります。

今までは、将来有望な会社に新卒入社し、定年まで勤め上げることがキャリアの勝ちパターンでした。

しかし、ＶＵＣＡの時代においては、会社そのものの存続も危うく、企業に依存したキャリアはリスクが大きいと言えます。

これからのＶＵＣＡの時代に求められるのは、「主体的にキャリアを描き、勝ち取っていく人材」なのです。

それでは、実際のケースを交えながら詳しく見ていきましょう。

Case 1

どこでキャリアの歯車は狂ったのか

日本の有名大手企業に入社したA君と、ベンチャー企業に入社したB君。A君は有名大手企業に入社が決まり、意気揚々と社会人生活をスタートさせました。A君は、職場環境にも恵まれて順調に仕事を覚え、30歳の頃には後輩を何人か持ち、現場のリーダーを任されていました。A君の会社では、管理職である課長になるのは早くても40歳とされていました。

A君は同期の中でも比較的優秀とされており、自分でも40代半ばくらいには課長に昇進するだろうと思い描いていました。B君とは社会人になってから、めっきり会わなくなりましたが、風の噂で最初に入ったベンチャー企業を辞めて何社か転々としていると聞きました。A君は、「やっぱりベンチャーに入るなんてとんでもない」と自分のキャリア選択の正しさを再確認しました。

しかし、A君が35歳になったときに、会社からある重大な発表がなされ状況が一変しました。会社の業績が思わしくないため、A君の所属する部門自体が同業他社に売却されるとのことでした。それからは、目まぐるしい毎日が始まりました。買収する側の会社の社員が会議室を占拠し、部長や課長は暗い顔で順々に呼び出されます。社員の間には、大変なノルマを課せられるのではないか、リストラされるのではないかと不安が広まりました。

退職する人も相次ぎ、A君の尊敬する先輩も早々に転職してしまいました。職場はかつての和気あいあいとした雰囲気を失い、まるで別の職場のように変貌してしまいました。A君は転職を考え転職エージェントに行ってみると、「現在と同程度の年収での案件は残念ながらありません。年収が落ちるのでよければご紹介可能なのですが……」と言われてしまい、転職する気も失せてしまいました。

A君は気分転換をかねて、たまたま誘われた大学時代の集まりに出たところ、十数年ぶりにB君と再会しました。B君は、急成長中のベンチャー企業で重役として働いているとのことでした。話を聞けば、若い頃は昼夜もなくがむしゃらに働き、2～3年でマネージャーになったそうです。体調を崩したり、経営者との考え方が合わなかったりしたため、数回転職しましたが、現在では信頼できるかつての上司や仲間と一緒に働いているとのことでした。

長年の夢であった医療関係のビジネスの立ち上げに携わり、大変ながらも充実した毎日を送っているB君を、A君は眩しく感じました。A君は「自分のキャリアは本当にこれでよかったのだろうか。どこで、自分のキャリアの歯車は狂ってしまったのだろうか」

と考え直しています。

スタート地点では、前途洋々かに思われたA君のキャリアも10年足らずで色あせてしまいました。一方で、B君は紆余曲折を経て、これからのキャリアが輝き始めています。

就職企業ランキングから姿を消したメガバンク

就職企業ランキングはその業界や企業の魅力度や安定度などを反映しますが、そのランキングからも時代の変遷を読み取ることができます。文系出身者にとってのこの10年間の顕著な変化は、メガバンクがランキングから姿を消したことです。これは、かつてなくメガバンクの先行きが不透明になっているからに他なりません。

みずほフィナンシャルグループでは、２０２６年度までに従業員１万９０００人の削減を発表して大きな波紋を呼びましたが、三菱ＵＦＪ銀行や三井住友銀行でも同様の方向性が示されています。その背景には、低金利によって収益性の確保が困難なことや、企業や個人の資金需要の冷え込みがありますが、銀行員の仕事そのものの存在意義も揺らいでいます。

図表1-2

時代の変化によって移り変わる就職企業ランキング

文系総合

	2009年卒	2019年卒
1位	JTBグループ	ANA(全日空)
2位	資生堂	JAL(日本航空)
3位	ANA(全日空)	東京海上日動火災保険
4位	三菱UFJ銀行	JTBグループ
5位	JAL(日本航空)	オリエンタルランド
6位	みずほフィナンシャルグループ	エイチ・アイ・エス
7位	三井住友銀行	ソニー
8位	トヨタ自動車	損保ジャパン日本興亜
9位	ベネッセコーポレーション	伊藤忠商事
10位	オリエンタルランド	資生堂

理系総合

	2009年卒	2019年卒
1位	トヨタ自動車	ソニー
2位	資生堂	味の素
3位	ソニー	明治グループ
4位	カゴメ	カゴメ
5位	シャープ	サントリーグループ
6位	日立製作所	森永乳業
7位	サントリー	NTTデータ
8位	松下電器産業	資生堂
9位	三菱重工業	トヨタ自動車
10位	本田技研工業	アサヒビール

出所：マイナビ

デジタル化やＩＴによって、現在の多くの銀行員の業務は代替可能と見込まれており、投資や運用の領域では、膨大な参照データをもとにしたＡＩの投資判断のほうが、人間よりもよほど優れているとされています。

世界最大級の投資銀行であるゴールドマン・サックスでは、ピーク時に６００人いたトレーダーが２０１７年には２人になっています。株式売買は自動株取引プログラムによって行われており、トレーダーに代わって２００人のコンピューターエンジニアを雇用しているそうです。

理系ランキングでは、かつて日本の産業界を牽引していた家電メーカー〈ソニー、シャープ、日立製作所、松下電器産業〈現パナソニック〉〉の多くがトップ10から姿を消し、ソニーが残るのみとなりました。

これは、グローバル競争が続く中、なかなか世の中にインパクトを与える革新的な製品が出せていない日本企業の苦悩を投影しているようにも見えます。名門企業シャープは液晶事業の不振が響き、台湾企業である鴻海精密工業の傘下に入り再建に取り組んでいます。ランキングに残ったソニーにおいても、２０１２年には過去最大級の赤字を出しましたが、ＰＣ事業の売却やテレビ事業の分社化などの大胆なリストラと、ゲームやネットワークサービスへの注力によって奇跡の復活を遂げました。ランキング上位の企業が、10年後も同じポジションを維持できる保証はどこにもないと言えるでしょう。

「時代の寵児」が転落する瞬間

ＤｅＮＡはヘルスケア関連の情報まとめサイト「ＷＥＬＱ」で、記事の盗用や誤情報などにより、大きな問題になりました。その結果、キュレーション事業を収益の柱に成長させるために企業買収も含め約50億円近くの投資を費やしていましたが、キュレーション事業からの事実上の撤退を余儀なくされました。

「結果にコミットする」というキラーフレーズで、トレーニングジム事業を中心に業容を拡大してきたライザップグループも、２０１９年の決算時に約２００億円の赤字となり大きな話題を呼びました。ライザップグループは、経営不振に陥った企業を次々に買収する戦略をとってきました。しかし本業と関連性の低い会社や業績回復が困難な会社も多く含まれていたため、Ｍ＆Ａを凍結し、従来の拡大路線から収益性重視に戦略をシフトさせつつあります。

会員制ＳＮＳの先駆け的存在であるミクシィも創業当初ＳＮＳプラットフォームとして若者たちから圧倒的な支持を集めました。しかし、スマートフォンへの移行に立ち遅れ、フェイスブックをはじめとしたＳＮＳの出現で存在感を失い、赤字に転落する状況にまで追い込まれました。その後、「モンスターストライク」の大ヒットにより、２０１８年には売上高２０００億円、当期純利益４００億円へと見事Ｖ字回復を果たしています。

図表1-3

名門企業・優良企業でも倒産の危機に

	企業	好調時	その後の危機的状況
名門企業・優良企業	東芝	日本を代表するトップ総合家電メーカー「電機の巨艦」	原子力事業の不振・不正会計を引き金に白物家電・テレビ・半導体メモリ事業を売却
	JAL	日本の航空業界のリーディングカンパニー「空の王者」	2010年に経営破綻し、会社更生法適用
新興企業	DeNA	プロ野球チームを有するベンチャーの成功例	WELQの問題に端を発し、キュレーション事業から撤退
	ライザップ	「結果にコミットする」で大躍進のトレーニングジム	M&Aによる急拡大の一方で、収益性の大幅下落により、赤字転落
	ミクシィ	若者から圧倒的な支持を受けたSNSの草分け的存在	スマホ移行の立ち遅れと、他のSNSへのユーザー流出により赤字に転落

時代の寵児ともてはやされても、次の瞬間には転落することは珍しくありません。また、名門企業・優良企業ともてはやされた企業の凋落も昨今目立つようになりました。「電機の巨艦」であった東芝は、米原子力事業の巨額投資の失敗や不正会計などが発覚し、大きな衝撃を社会に与えました。「空の王者」として君臨してきたＪＡＬは、２０１０年に経営破綻し、会社更生法の適用となった企業です。２兆円を超える戦後最大の負債を抱え、社員の約30％にあたる１万６０００人がリストラの対象となり、まさに墜落寸前でした。

京セラの稲森和夫氏の指導のもと、Ｖ字回復を果たしましたが、その道のりは決して楽なものでは無かったと言います。何故このような事態が起きているかというと、企業をとりまく環境がかつてなく不確実なＶＵＣＡの時代に差し掛かってきているからです。米中の経済対立やBrexit（ブレグジット）に代表される国際経済の不安定さ、超高齢化社会や人口減少による消費市場のトレンドの変化、iPhoneをはじめとしたライフスタイルや産業構造そのものを覆す破壊的イノベーションなど、企業をとりまく環境そのものが大きな変化の波にさらされており、いかなる企業であっても一寸先は闇という経営環境に置かれている認識を、私たちビジネスパーソンは持たねばなりません。

かつては有名大学に入り、大手企業に入社することが、人生の成功の方程式でした。そして、「会社は揺るがずに存在し続けるもの」と信じ、一つの会社で出世の階段を上ることが、キャリアの成功例でした。しかし、ＶＵＣＡの時代のビジネスパーソンは、会社は盤石ではなく、不確かな世界の上に成り立っている壊れやすい基盤であると認識を改めなければなりません。

「会社は永続的に存在しない」という前提を持つ

私たちビジネスパーソンは、「会社は永続的に存在しない」という前提を持つことが大切です。著者はコンサルティングの現場で企業再生などに立ち会うことも多くあります。その中で、「実は会社が危ないのではないかということを薄々感じていた」と多くの社員が口にするところを目の当たりにします。会社の不調は、ある日突然訪れるのではなく、その兆候は現業部門から徐々に表れます。

例えば、大口顧客からの取引量の減少や競合他社との競争の激化、利益率の低い仕事の増加などによる営業部門の苦戦などがわかりやすい兆候です。また、新たな技術や事業創出のための投資削減や、売り上げ・利益へのマネジメントの過度な固執なども危険なサインです。多くの人が漠然と危機を感じながらも、「それでも会社は存在し続けるはず」と現実から目を逸らし、その流れに身を任せがちです。その結果、倒産や買収の憂き目に遭い、本人の納得しないキャリアに流されてしまうケースが多々あります。

私たちビジネスパーソンに染みついてしまっている「ウチ向きな意識」も原因の一つと

言えます。コーン・フェリーでは数多くの企業再生プロジェクトを支援していますが、不振企業には、上を見て仕事をする「ヒラメ社員」が多い傾向があります。上層部の意向に対して過度に反応する社員が多く、社内政治が横行することも少なくありません。

このような「ウチ向きな意識」が蔓延している会社には、顧客や市場に対する関心が希薄で、危機意識が低いという特徴があります。上司の意向を実現することが全てになり、目の前にある危機的状況から目を逸らしてしまうのです。

「ウチ向きな意識」から抜け出すためには、「社内」ではなく、「社外」を軸にする必要があります。「社外」の軸を身につけるには、世の中に広くアンテナを張ることが大切です。顧客の声に耳を傾けることもその一つですが、ビジネス講座や異業種交流会に参加することなども「社外」の視点を養うのに有効な手段です。

義務教育や基礎教育を終えて社会に出た後に学び直しをする教育システムをリカレント教育と呼びますが、日本のリカレント教育を受けている人の割合はＯＥＣＤ（経済協力開発機構）諸国の中でも最低レベルにあります。これは日本のビジネスパーソンが、「ウチ向きな意識」に陥る要因の一つです。「社内の常識、世間の非常識」という言葉がありますが、外の視点で自社のことを見つめ直す意識はＶＵＣＡの時代だからこそ必要なマインドセットと言えるでしょう。

世界と異なる日本の優秀さ

進まないビジネスパーソンのグローバル化

２０００年代以降、急速にグローバル化が進んできています。流通網やネットワークが整備され、常に世界規模の競争にさらされています。日本でもグローバル化に舵を切り、海外売上比率を大きく伸ばす企業が少なくありません。このようにビジネス面では世界に進出をしていても、人材面でのグローバル化はなかなか進んでいません。海外売上比率が50％を超えていても、役員の多くは日本人で占められていることが大半です。

また、外資系グローバル企業の中で活躍する日本人エグゼクティブもごくわずかです。実際に日本で「優秀」とされるビジネスパーソンを海外拠点に派遣しても、思うような実績を上げられないケースも多々あります。日本の「優秀さ」は、会社に忠義を尽くす真面目な人材である一方、世界では合理的でスマートな働き方を実践する人材を示すからです。これからのグローバル競争を勝ち抜いていくためには、日本のビジネスパーソンも世界の「優秀」のエッセンスを取り入れていく必要があります。では、どのように取り入れていくか、ケースを交えて見ていきましょう。

Case 2

激務を厭わない「優秀」な日本人ビジネスパーソン

日本の大手部材メーカーで営業をしているC君とD君。昨今、会社の業績が落ち込んできており、今期は営業のテコ入れが始まりました。部全体として、全ての取引先に改めてコンタクトをとり、取引機会を拡大する方針が示されました。そして各営業に担当先が割り当てられました。加えて、週次でコンタクト状況を報告することも求められるようになりました。

C君は、会社の方針に特に疑問を持たず、早速アポイントをとり始めました。しかし、D君には持論があり、「取引先の全部に当たるのは効率が悪いです。大規模な受注が見込めそうな得意先に集中すべきだと思います」と部長に直談判しにいきました。部長からは、「全体で決まったことだから」となだめられたものの、D君は全く納得しませんでした。C君は、今までの倍以上の取引先と商談を持ち、提案書作成や社内報告のため、連日連夜、遅くまで会社で残業していました。

一方、D君は、「自分のやり方で売り上げを上げる」と周囲に宣言し、自身が食い込んでいる顧客で大型案件を受注すべく取り組みました。D君は、会社に出向く時間は無駄だと考え、直行直帰を繰り返していました。社内報告も最初のうちは真面目に取り組んでいましたが、しばらく経つとあまり有用な助言が得られないと判断し、報告会議の時間に商談を合わせるなど欠席が目立つようになりました。

C君は地道な努力が実を結び、小粒ながら着実に顧客から案件を獲得し、何とか目標の売り上げを達成しました。D君も半期の締め間際ではあるものの、懇意にしている顧客から大型案件を受注し、部内でもトップクラスの売り上げに躍り出ました。半期が終わり、昇格審査の時期になりました。C君もD君も課長候補として名前があがっていましたが、昇格審査会では満場一致でC君の昇格が決まりました。D君は、「なぜ、業績を上げたのに、自分より業績が低い人が昇格するんだ」と憤っています。なぜ、このようなことが起きてしまったのでしょうか。

世界に逆行する「自己犠牲的な働き方」

日本企業における「優秀」さは単にその能力の高低を示すだけではありません。もちろん、基礎能力が高いことが前提ですが、それと同等かそれ以上に「会社に忠実」であるこ

図表1-4

同調圧力が強い日本企業

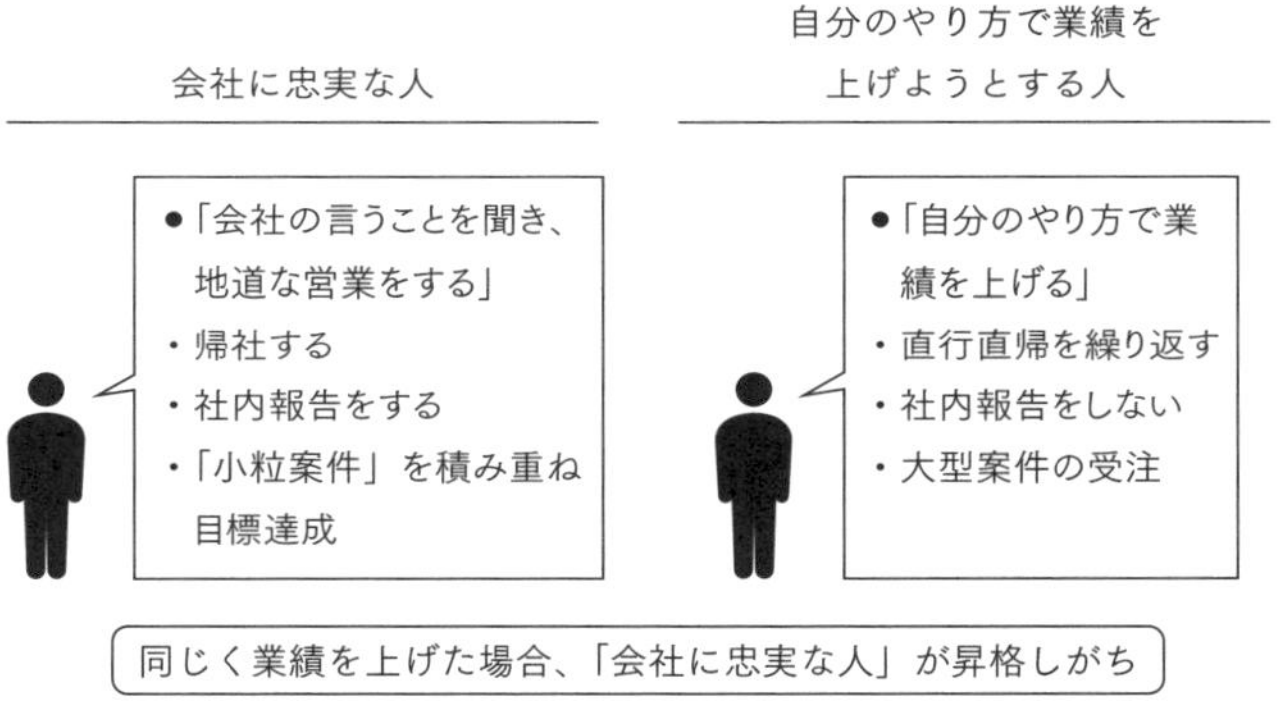

会社に忠実な人
●「会社の言うことを聞き、地道な営業をする」
・帰社する
・社内報告をする
・「小粒案件」を積み重ね目標達成
自分のやり方で業績を上げようとする人
●「自分のやり方で業績を上げる」
・直行直帰を繰り返す
・社内報告をしない
・大型案件の受注
同じく業績を上げた場合、「会社に忠実な人」が昇格しがち

とが求められます。

日本の組織は同調圧力が強く、周囲に合わせることを求めがちです。会社や上層部の方針に異を唱えたり、ルールや決め事を破ったりする社員は、たとえ業績を上げていたとしても、「仕事はできるが、協調できない社員」というレッテルを貼られてしまいます。ましてや、社長や重役の方針を正面きって批判するような社員は、たとえ正論だったとしても要注意人物として認識され、腫れ物のように扱われます。

日本企業で重宝されるのは、会社の方針に異を唱えることなく受け入れ、その実現のために努力を惜しまない人材です。多くの会社で「働き方改革」に取り組んでいますが、その意識は根強く残っています。エクスペディア・ジャパンが19の国と地域で1万1000

図表1-5

休みをとらない日本人ビジネスパーソン

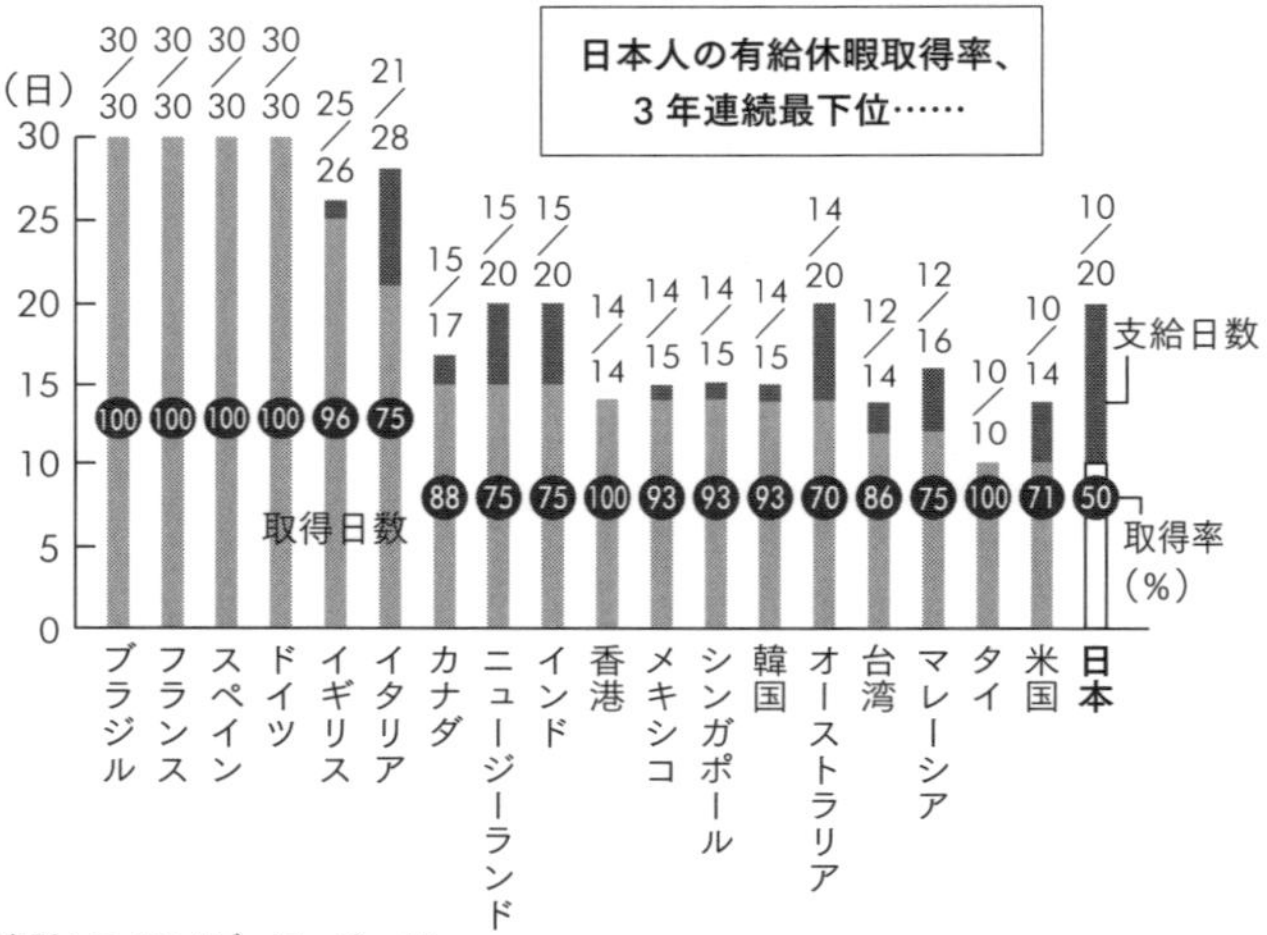

出所：エクスペディア・ジャパン

人に行った調査によると、日本人の有給休暇取得率は50％と圧倒的な最下位でした。

　また、有給休暇取得に罪悪感があると答えた日本人は58％で世界最多の割合になっています。

　周囲に迷惑をかけることを気にして、なかなか仕事を離れられない日本人ビジネスパーソンの実態が浮かび上がってきます。忠誠心や責任感を持ち、基礎能力に秀でた「優秀」な社員ほど、この傾向が強いようです。２００５年以降に飲食業界を中心に店長が「管理職」の名のもとで、人手不足の店舗を埋めるべく過重労働を強いられていた「名ばかり管理職」問題は、責任感のある「優秀」な社員に自己犠牲を強いる日本の組織構造の歪みが明るみに出た問題だったと言えます。

「ブラック企業」「社畜」「過労死」と日本の働き方には、とかくネガティブなキーワードがつきものです。その背景には、会社の方針に沿った従順な働き方を求める企業と、その組織の中でハードワークを受け入れざるを得ない社員というアンバランスな力関係が存在します。会社に忠実で、自己犠牲的な働き方を厭わない日本の「優秀」さは、世界の「優秀」さとは大きな違いがあります。次に、グローバルの「優秀」さに目を向けてみましょう。

スマートな働き方を追求する海外のビジネスパーソン

グローバルのビジネスパーソンは、無駄や非効率を嫌います。会社の方針や上司の指示であっても、そこに合理的な理由や納得できない内容が含まれていれば、きちんと意見することが当然の権利として認められています。

人種や性別の異なる社員が多く働く、多様性のあるグローバルな職場では、様々なモノの見方が存在します。それらを遮断するのではなく、包み込むように受け入れることが管理職には求められるのです。当然、管理職も方針や指示を出す以上、目的や背景、取り組みの理由や根拠などを明らかにして、メンバーを納得させなければなりません。そうしなければ、メンバーは動いてくれないのです。

また、長時間にわたり残業している人を見て、「会社のために頑張っている人」とは捉えません。むしろ、「仕事のできない人」という評価を下されます。仕事に着手する時点で、明らかにオーバーワークが見込まれるのであれば、追加人員の要望やスケジュールの見直しを要求することが当然とされています。それでも残業しなければならないということは、見込みが甘いか、仕事が遅いか、いずれにしても本人の能力の低さに起因すると判断されます。

一方で、与えられた目標を達成するのであれば、どこで、いつ仕事をしようが構わないというのがグローバル企業の「常識」です。そこでの「優秀」な人とは、長い時間をかけて仕事をこなす人ではなく、スマートに効率よく目標を達成する人を指します。

グローバルで「優秀」なビジネスパーソンはリフレッシュも仕事のうちと捉えています。前述のエクスペディア・ジャパンの調査によると、フランスやドイツなどでは有給休暇を年間30日間はとっているという結果が出ています。海外では経営幹部であっても夏季やクリスマスにまとまって2〜3週間の休暇をとることは決して珍しくありません。

日本の幹部層は、「自分がいないと組織が回らない」という自負がある人が少なくありませんが、海外ではそのような状況は本人のマネジメント能力不足と見なされます。「自分がいなくても組織がうまく回る仕組みを作る」ことこそが、マネジメント層の役割と捉えるからです。

プロセスを重視する日本と結果を重視するグローバル

日本とグローバルで違いが出るのには理由があります。日本は良くも悪くも、プロセス重視のカルチャーです。結果を出しさえすればよいというわけではなく、きちんとしたプロセスを踏むことに重きを置きがちです。日本企業において、報連相（報告・連絡・相談）が社会人の基本とされていますが、これは日本特有のビジネス慣行です。

上司がこまめに部下の進捗を把握し、必要に応じて軌道修正できるきめ細かいマネジメントではありますが、プロセス重視の日本式マネジメントの特徴を色濃く反映した慣習と言えるでしょう。

グローバルは結果重視のカルチャーであり、パフォーマンスカルチャーと言われます。上司の役割は担当者の方向性や目標を決めることであり、あとは担当者に仕事を任せます。担当者のほうが業務については熟知しているので、上司は口出し不要、報告を待つのが一般的なスタイルになります。日本式の報連相スタイルは海外で、上司が部下に権限を与えずに、細かなタスクレベルで管理する「マイクロマネジメント」としてネガティブな意味合

図表1-6

世界と異なる日本の「優秀」さ

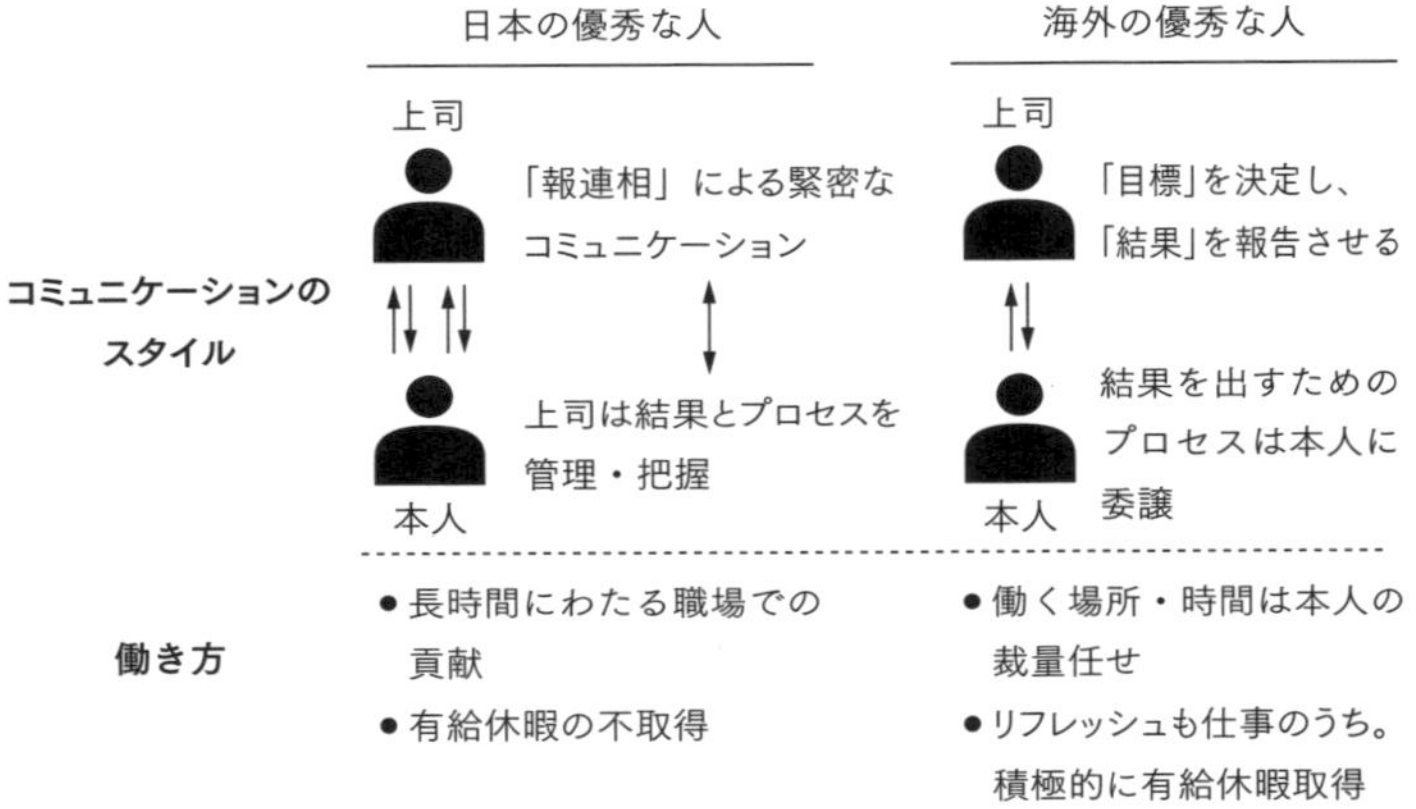

いで捉えられがちです。

「マイクロマネジメント」を受けた社員は、自分の能力が信用されていない、あるいは組織の中で意味のある仕事を任されていないと感じ、著しく動機を損なうということが起こります。

この意識の違いにより、日本人社員がマネジメントとして海外に駐在した際に、現地社員とトラブルに発展するケースも少なくありません。

また、昨今では日本企業でも外国人社員の雇用が増えてきており、日本国内でも同様の問題が起きつつあります。

生き残りのカギは「したたかさ」

前述のとおり、グローバルと日本では、「優秀」の意味自体が違います。今後、グローバル競争の激化を辿る中で、日本の「優秀」な社員が生き残っていくのは難しいと言わざるを得ません。では、どのようにすればよいのでしょうか。

日本企業の組織文化の中でグローバルの優秀人材のように周囲構わず、自身の主義・主張を貫いていると、上層部から煙たがられ活躍の機会を奪われかねません。一方で、会社の方針通りに忠実に尽くし非効率なことを続けているとグローバル競争から取り残されてしまいます。

ＶＵＣＡの時代の日本人ビジネスパーソンが身につけるべきスキルはグローバルの「優秀」のエッセンスを取り込んだ「したたかさ」です。コーン・フェリーでは、数多くのリーダーを対象にリーダーシップの発揮度合いを測定するインタビューリサーチを実施しています。それによると、優れた業績を上げる日本人リーダーには共通して有する能力が２つあります。

１つは、「勝ち筋を見出す力」です。戦略的思考力と表現することもありますが、ビジネス環境を的確に把握し、その状況に合った最適な解を導き出す力です。

２つ目は、「相手に合わせるコミュニケーション力」です。正しいことを説き、相手を言い負かすのではなく、うまく相手を納得させるよう誘導するコミュニケーション力です。

優れた日本人リーダーは様々な場面でこの2つの力を駆使しますが、特に上司をうまく掌握するボスマネジメントに長けています。例えば、上層部の方針が非効率だと感じたときには、方針を正面から否定せずに利点を認めた上で、自身の勝ち筋が方針の解釈の範囲内に入るように提案・誘導するのです。

私たちコンサルタントも、顧客企業をより良い道筋へ導くことが役割ですが、顧客との対立が想定される場合には、相手を説得するためのコミュニケーション術を駆使します。例えば、顧客企業のキーマンが的確ではない主張をしている場合、それを真っ向から正論でねじ伏せても良い結果を生みません。このような事態に直面したときには、キーマンの主張するA案に加え、本命のB案と捨て案のC案を用意し、それぞれの期待効果やリスクを整理します。

そして、A案は間違いではないものの、難易度が高いことや他案でも同等以上の効果を得られるであろうことをキーマンに伝えます。そこでどの選択肢をとるかをキーマンに尋ねると、大抵の場合、本命のB案へと着地していきます。キーマンの中には、「ありがとう。本当はA案には不安があったが、整理してくれたおかげでクリアになった」とおっしゃる方も少なくありません。

大切なのは、自身の判断と相手の判断のどちらが正しいかという「勝ち負け」を決めることではありません。相手に気持ちよく方針を修正してもらうためのコミュニケーションをとり、より良い判断へ導くプロセスが重要なのです。優れた日本人リーダーは、このようにうまく上司を操るボスマネジメントの技術を「したたか」に駆使します。

日本企業的な報告・相談を求めるプロセスカルチャーへの対応も、同様に「したたかさ」が必要です。無用と切り捨てる行為は周囲との間に軋轢を生じさせます。優秀な日本人ビジネスパーソンは、初期段階では周囲の期待通りに丁寧にコミュニケーションをとり、一定の信頼関係を築いた上で、徐々にポイントや頻度を絞っていくなど、効率的な方向へと誘導していきます。

このような「したたかさ」こそが熾烈《しれつ》なグローバル競争を勝ち抜くために、日本人ビジネスパーソンが身につけるべきスキルの一つと言えます。

調整が招いた悲劇

なぜ日本人の生産性は上がらないのか

「働き方改革」を進めてはいるものの、残念ながら多くの日本企業は道半ばと言えます。日本生産性本部の調査によると日本人の労働生産性は主要先進7カ国で最下位、米国の3分の2程度の生産性に留まっています。日本企業や日本人ビジネスパーソンはこの事実から目を逸らしたままで、VUCAの時代を生き残っていくことは極めて困難でしょう。

日本企業における「働き方改革」は時間外労働の削減やリモートワークなどが中心であり、「仕事」そのものの改革はあまり進んでおらず本質的な解決に至っていません。生産性はアウトプット（付加価値）／インプット（投入時間）で算出されますが、生産性をあげるためには、付加価値をあげるか投入時間を効率化するかしかありません。

いずれにしても、個々の業務と付加価値の関連性を強めていかなければ、生産性が向上することはありません。しかし、現在の日本企業においては、そもそも「何のために」やっているのかが曖昧な仕事が多く存在します。

目的が曖昧な仕事とは、言い換えるとアウトプット（付加価値）が定義されていないことに他なりません。そのため、役員や上司の意見に右往左往する事態が発生します。いくら社員が労働時間を投入しても、方針が定まらなかったり、結論が出なかったりすれば、その労働時間は付加価値につながりません。厳しいようですが、これらの労働時間はほとんど「無駄な努力」です。

プロ経営者と称される松本晃氏が会長を務めたカルビーは働き方改革でも有名です。もちろん、モバイルワークやテレワークなどの多様な働き方は進んでいますが、これらの働き方の根底には「成果主義」の徹底があります。C&A（コミットメント&アカンタビリティ）といいますが、全社員が上司と一年間の仕事と目標のコミットメントを確認し、契約書にサインする仕組みです。

これは、会長・社長も例外ではなく、上から下まで全員が1年間の成果を明らかにするのです。コミットメントは数値化が原則であり、中でも役職者は社内のイントラネットで公開されます。コミットメントを明らかにすることで、その達成にむけ、個々の業務を工夫・改善し、生産性を高めているのです。生産性はアウトプット（付加価値）とインプット（投入時間）によって決まるため、残業規制のようにインプット（投入時間）のみに注力しても本質的な解決にはつながらないのです。VUCAの時代を生き抜くには、私たちビジネスパーソンに「無駄な努力」をしている暇はありません。では、「正しい努力」へどのように変えていくべきかについて、ケースを交えて見ていきましょう。

Case 3

「正しい努力」とは何か

電機機器メーカーで15年目を迎えるE君は、ある新製品の開発リーダーを任されました。新製品の開発に当たり、事業部長からは「収益性を確保しつつ、市場でも技術優位に立てる製品を開発してくれ」という期待を寄せられて、プロジェクトをキックオフしました。しかし、プロジェクトは早々に暗礁に乗り上げました。営業・開発・製造の各部長の方向性がバラバラだったのです。営業は競合に勝てる機能と価格を、開発は他社にない新機能を、製造は効率的な製造ラインが組める設計をと、それぞれ異なる立場からお互いに譲ろうとしません。

また、部長同士が意見を直接すり合わせることはなく、部下である課長を通して、E君に意向が伝えられるのです。弱り果てたE君は仕方なく、営業・開発・製造の関連課長との会議を開催し、課長を通して各部の説得を試みることにしました。

各課長は気持ちよく協力を約束してくれましたが、社内ではいくつものプロジェクトが進められており、かついずれも同じような状況らしく、各課長の予定は朝から晩までビッシリ詰まっていました。何とか時間をもらい、各部長の意向を少しずつ取り込んだ調整案を作り、何度となく部門間の調整を行い、ようやく前に進めることができました。

開発のプロセスに入っても、開発業務に専念できる状況ではありませんでした。開発のマイルストーンごとに担当役員や各部の合意を得るため調整に奔走しなければならず、何らかのリスクが認識されるとワーキンググループが結成され、課題解決の提案を求められるのでした。

開発のプロセスが進めば進むほどワーキンググループの数は増え、E君はほぼ全てのワーキンググループに出席を求められたため、日中はほぼ会議漬けの毎日になってしまいました。夕方以降には、プロジェクトメンバーの進捗を確認し、判断と指示を次の日までに行わなければならず、連日遅くまで働く日々になりました。

膨大な時間を費やし、各部との調整も済み、ようやく新製品の発売にこぎつけました。E君は改めて店頭に行き、今回の製品を競合と並べてみると、あまり特色の目立たないよくある製品に見えてきました。各部で議論と調整を尽くした結果、そこそこの価格と機能を備えた凡庸な製品になってしまったのです。

E君は、果たして自分のやってきたことは正しかったのか、また今後も開発リーダーとしてやっていけるのだろうかと振り返り、キャリアに対する不安が膨れ上がってくるのでした。

約2億円の人件費が費やされた無駄な会議

日本企業におけるホワイトカラーの生産性は、グローバルで見ると極めて低い水準にあります。パーソル総合研究所が行った調査では、平均的な会議の参加時間を年間で集計するとメンバー層で約150時間、係長級で約300時間、部長級でなんと約430時間にのぼりました。このうち、約25％の会議時間を参加者が無駄と感じており、1500人規模の会社では約2億円の人件費がこの無駄な会議に費やされていることがわかりました。

実際には、これらの会議で意思決定や情報共有をはかるための資料づくりや、会議をスムーズにするための根回しなどが行われていることを考慮すると、さらに膨大な時間と費用が投じられていることは明らかです。果たして、これらの時間と費用の使い方は有効と言えるのでしょうか。

コーン・フェリーが人材の活性化を支援したあるゲーム会社では、「新しいタイトルを開発するためには社内の審査プロセスを通過しなければならない。しかし、大ヒットになるようなタイトルは、エッジが効いているので、社内から山のように反論や批判が出てくる。担当者が、進退をかけるなどして情熱を持って周囲を説き伏せたときに、得てして伝説的なヒットは生まれる。しかし、通常の社内の審査プロセスを通すと、その間にエッジがとれて駄作になってしまう」と嘆く経営者がいました。何が当たるかわからないＶＵＣＡな

図表1-7

資料作成と会議で深夜まで残業続きの日本企業

社内会議・打ち合わせに費やす時間（年間）

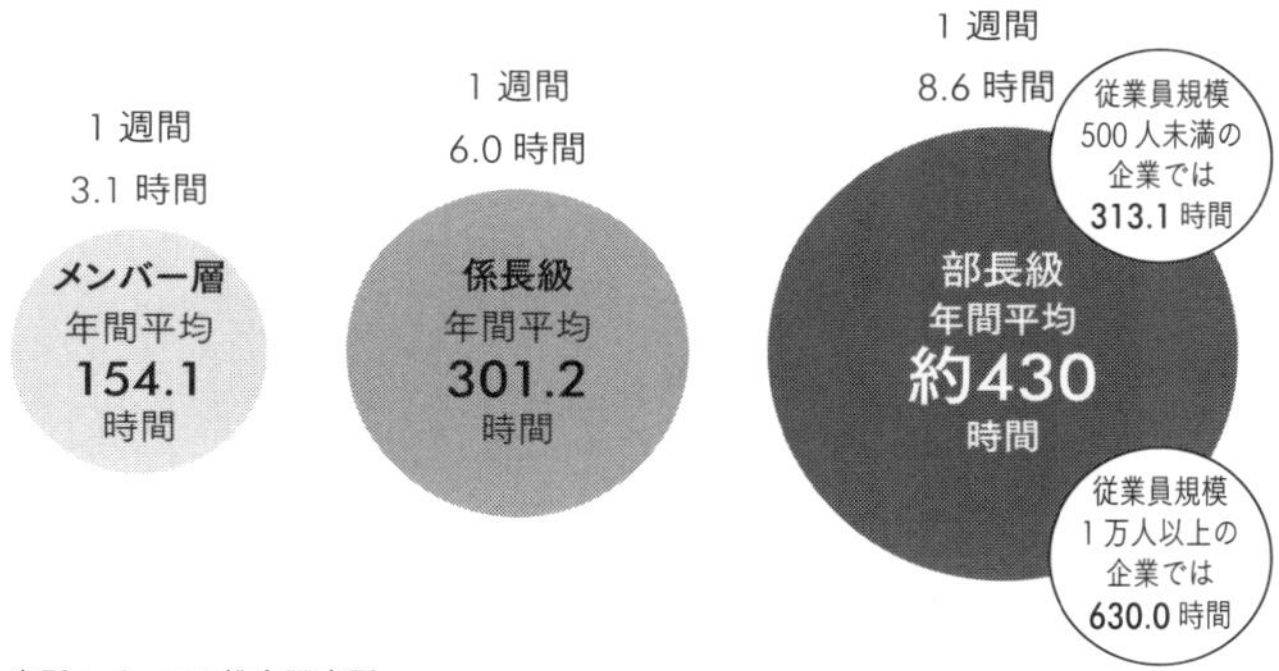

出所：パーソル総合研究所

状況下では、議論を重ねることが、創造性や意思決定の精度向上には必ずしもつながらないということを示唆しています。

米国企業であるインテルは、〝会議をしない〟企業です。会議がしたい人は、その理由を詳細に示したレジュメを提出する必要があります。気軽に他者の時間を奪えないため、開催される会議は本当に必要なものに絞られます。

Googleでは、無駄な会議にならないように厳格なルールが定められています。会議は必ず意思決定者を明確にし、参加者は8名以内を原則としています。時間厳守を求められ、参加者は会議中に会議以外の行動（メールチェックなど）を禁じられています。

1時間単位ではなく、30分単位を基本

とし、緊急性によっては5分の会議も推奨されています。このように海外の先進企業では無駄をできるだけ省き、社員の時間を会社の業績向上につながることのみに振り向けさせる努力をしています。

前述の通り、日本では「働き方改革」に多くの会社が取り組んでいますが、そのほとんどは時間外労働の削減やリモートワークの推奨に留まっているように見受けられます。日本企業や日本のビジネスパーソンは小手先の「働き方改革」に留まらない改革をしなければ、VUCAの時代に生き残っていくことは難しいでしょう。そのために、最も手っ取り早い方法は、会議の「ルール」を定めることです。

コーン・フェリーがある日本企業で「働き方改革」のコンサルティング支援をした際に、ある部門を対象に次の3つの会議のルールを決めたことがあります。

1 会議は就業時間内(9〜17時)に設定する
2 前日までに、開催者は会議のアジェンダと資料を必ず回覧する
3 会議は1時間を原則とし、終了5分前に振り返りとネクストステップを明らかにする

これまでこの企業では、目的やアジェンダが曖昧なまま、何となく開催される会議も多かったそうです。また、会議内では必要な資料が準備されていなかったり、突然新たな資

料やデータが出てきたりするため、参加者の議論もかみ合わなくなるといったことが多発していました。

しかし、この3つの会議のルールを適用することにより、会議の質が向上し、建設的な議論がされるようになったのです。実は、これらの会議術は私たちコンサルティングの業界で使われている技術の転用なのです。私たちコンサルタントはプロフェッショナルとして、一定期間の中で顧客企業を意思決定に導くことが求められます。

そのため、限られた回数の会議の中で、意思決定できるよう計画的に会議を段取ります。会議の日程に合わせて、議論したいことや意思決定事項をリストアップし、そこから逆算して分析やスライド作成を行い、事前にアジェンダや資料を共有することで、会議を有効な議論の場としているのです。

会議を無駄にしないためのこれらの段取りは、覚えておいて損はありません。もちろん、一参加者にすぎず、会議運営に口を出しにくい会議もあるかもしれませんが、自身が主要参加者となる会議では、改善の余地があるはずです。

アジェンダや必要な資料の準備、ネクストステップの確認などは、会議の質向上の基本です。これらの小さな一歩の積み重ねが、真の「働き方改革」につながっていくはずです。

いつまでも若手扱いされる高齢化職場

日本全体が超高齢化社会を迎えつつありますが、日本の職場においても同様に高齢化が進んでいます。東京商工リサーチの調べでは、上場企業の社員の平均年齢は2019年時点で約41・4歳となっており、毎年、徐々に引き上がってきています。定年延長などに取り組もうとしている企業が多いことを考慮すると、今後も社員の平均年齢は上がり続けるでしょう。

多くの日本企業では、30代はまだまだ若手として扱われますし、社員側もそれを甘んじて受け入れがちです。平均年齢が40歳を超えている職場では、平均年齢より下の世代になるので、ある意味当然とも言えます。

一方で、少子化の影響を受けて、新たな働き手は絶対数が少なくなっています。就職市場では売り手市場が続き、新規採用者が入社・配属される職場も限られます。新規配属がない職場では、職場のメンバーが1歳ずつ年をとるだけで、仕事の変化がほとんどありません。新規採用者が多い時代には、比較的簡単な仕事や取引先は新人に任せて、先輩社員はやりがいのある仕事や後進指導にシフトするといった機会を得ることができました。

しかし、いつまでも若手と呼ばれる職場では、大して重要ではない仕事であっても自分でやらざるを得ません。「万年ルーキー」という言葉がありますが、長い間「若手扱い」を

図表1-8

上昇する企業の平均年齢

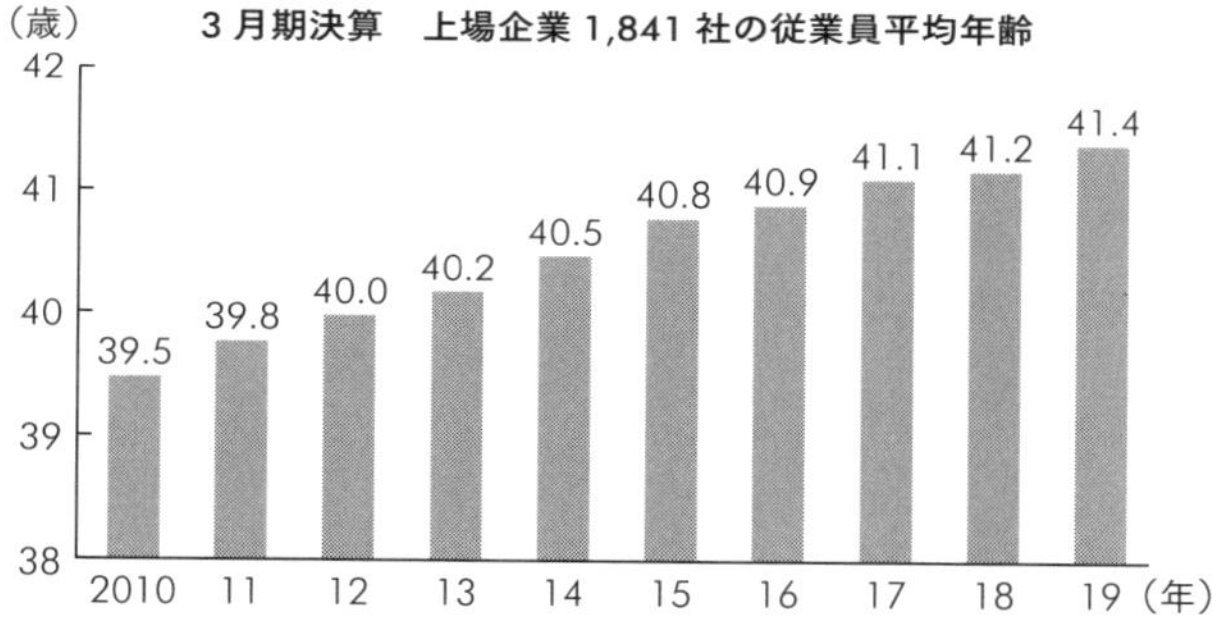

出所：東京商工リサーチ

されるということは、周囲から守られ、心地よい環境であるものの、責任を伴うチャレンジングな仕事につきにくい環境でもあります。

一方で、職場が変われば、自身は若手のつもりでも、周囲はそうは見てくれません。10年選手だったら、これくらいできて当たり前ですよね、と高い基準を示されることもあります。これから、定年延長などにより職場の高齢化はさらに進み、元部長・元課長と席を並べて仕事することも少なくないでしょう。そこで「若手」に甘んじることが果たして正しい選択でしょうか。

「若手扱い」は成長の機会を遠ざけます。たとえ、職場が「若手」のレッテルを貼ったとしても、それに甘んじることなく積極的にチャレンジングな仕事に取り組む姿勢が必要ではないでしょうか。

「分相応」の仕事に満足するのではなく、「分不相応」な仕事にチャレンジすることこそが、能力伸長のチャンスと言えます。そのためには、「自分が挑戦したいこと」を周囲に宣言し、努力を始めることが必要です。

若い頃の背伸びが将来の成功を左右する

コーン・フェリーが支援したある顧客の望ましいキャリアパスを策定するプロジェクトにおいて、「分不相応」な仕事に挑戦した好例とも言えるエグゼクティブがいました。その方は30代の頃に、英語力は拙くとも若いうちに海外で経験を積まなければ、キャリアは開けてこないと考え一計を案じました。当時、国内事業部に在籍していましたが、事業部長や直属の上司に、将来的には海外で経験を積みたいので、それにつながりそうな仕事があれば、石にかじりついてでもやるから回してほしいと願い出たのです。

そこで、上司は先輩社員について簡単な交渉ごとのサポートをするように、と指示しました。本人は絶好の機会と捉え、英語での会議を何度もテープで聞き直して交渉ポイントを要約したり、先輩社員の必要な資料を先回りして準備したりとできる限りのサポートをしたのです。

ご自身では「千載一遇のチャンスであり、必死に食らいつくのは当然」とのことでしたが、これをきっかけに信頼を得て、徐々に海外関連の業務を増やし、数年のうちに念願だった海外赴任を果たしたそうです。もちろん、陰では英語の勉強は欠かさなかったそうですが、「宣言」して有言実行することで、見事にキャリアを引き寄せたのです。

自身の夢やゴールを自分の胸のうちにしまっておいても、周囲は気づいてくれません。キャリア形成は運不運の要素も多分に含まれますが、自分の成長に意味のある経験を引き寄せる確率を上げるためには、自分のスタンスを周囲に示すことも重要です。積極的にスタンスを示し、「分不相応」の機会を求めることこそが、これからの時代に必須の姿勢と言えるでしょう。

「全ての努力は無駄ではない」の嘘

日本の職場では、とかく「努力」が求められます。上層部の方針をきちんと理解し、プライベートを多少犠牲にしても一生懸命働く社員が会社にとって「理想の社員」なのです。日本の会社は、無駄と思われる会議に参加し続け、万年ルーキーとして下積み業務を続ける社員の「努力」に支えられていると言っても過言ではありません。

しかし、その「努力」に見合った「果実」を得られているかというと、はなはだ疑問が残ります。

ケース3では、膨大な時間を費やした「調整」が徒労に終わった事例を紹介しましたが、「調整」を徒労に終わらせるか否かは、本人の意思が大きく影響されます。「調整」とは、本来、「ある基準に合わせて正しく整えること」を示します。しかし、日本企業における「調整」とは、「関連部門の要望を聞き入れて不満が出ないようにすること」を意味することが多いように思います。

プロジェクトリーダーの立場であれば、相反する要件が存在する場合には、最終的にどちらを優先するか、どこまでであれば譲れるかという線引きを自分なりに持たなければ、「調整」は迷走し、自分の望んだアウトプットは得られません。「自分がどのようなアウトプットを出したいか」というゴールイメージを突き詰め、譲れない基準を持った上で、相手の要望をある程度受け入れながら「調整」することこそが望ましい「調整」と言えます。

先ほど、あるゲームメーカーの経営者の「エッジの効いたタイトルは社内の審査プロセスの中で潰される」という話を紹介しました。しかし、一方で「担当者が情熱を持って周囲を説き伏せたときに大ヒットは生まれる」のも事実です。

実際に顧客企業で大きなヒットを生んだ功労者に話を聞くと、どの方も必ず何かしらの「こだわり」を持っています。社内の「調整」に困難はつきものですが、粘り強い説得や譲れる範囲内の譲歩などを行いながら、最終的には自身が当初描いていた製品やサービスを作り上げていくのです。

著者は、ある機械メーカーでヒットメーカーと称される技術者にインタビューする機会がありましたが、その方は開発に取り掛かる際に、必ず行っていることがありました。それは、営業や販売現場などに赴き、消費者の生の意見を聞くことでした。

ある新興国向けの製品を担当した際に、「従来品は故障が多い」とクレームを寄せた現地の代理店まで行き、衝撃を受けたそうです。現地のユーザーが悪路の中で製品をガタガタ揺らしながら輸送したり、スコールなどで大量の水が製品に掛かったりする現場を目の当たりにしたからです。

そのとき、いくら説明書に「乱暴に扱わないように」や「水を避けるように」と注意書きをしても無駄だと悟ったそうです。

その後日本に戻り、開発の過程で様々な調整を行ったそうですが、耐久性だけは頑として譲らず、見事、新興国でも好評を博す頑丈な機種を開発されました。この例が示唆するように、自身が取り組むべき課題に対して、「調整」を行う前に、機能や価格、性能などの各要素の優先順位をつけ、「こだわり」を持つことは極めて重要です。

「正しい努力」と「無駄な努力」を見極める

著者が生業にしているコンサルティングの育成現場では、「自分のアジェンダで戦えるようになって初めて一人前」と言われます。コンサルティングの業務はプレゼンテーションなど派手なイメージがありますが、実際は分析など地道な作業の集積で成り立っています。経験の浅いコンサルタントは顧客やプロジェクトマネージャーの意見に左右されがちですが、何も考えずに意見を全て聞き入れていると、作業量は膨れ上がってしまいます。

ハードワークがつきもののビジネスではありますが、「正しい努力」と「無駄な努力」は明らかに存在します。「無駄な努力」とは、自分の意思がなく、他人から言われるがままにする努力を指します。自分が納得していないアウトプットを出すために、終わりのない作業を続けていると、疲労だけが蓄積し、心が折れてしまいかねません。

一方で、自らの頭で顧客の成功のために考え抜いて作り上げる努力は「正しい努力」です。たとえ顧客との議論の結果、結論が変わったとしても、その経験は次につながります。顧客やプロジェクトマネージャーの意見を重要なインプットとして聞く耳を持つ姿勢は大切です。

しかし、それらのインプットを踏まえて、「自分の頭」で考えられるかどうかが大きな分岐点となります。顧客やプロジェクトマネージャーと意見が異なっていたとしても、理由や根拠を明らかにして「自分で考えたアジェンダ」を議論の俎上にのせていく努力が「正しい努力」であり、本人の成長を促すのです。

ＶＵＣＡの時代は、変化と成長を続けなければ生き残ることができません。「無駄な努力」をしている猶予はありません。自分の意思を持って成長に向けた「正しい努力」をしていくことがＶＵＣＡの時代のビジネスパーソンには求められます。

報われない「会社任せ」のキャリア形成

「キャリアを勝ち取る」にはどうすればよいか

これまでの日本人ビジネスパーソンは、新卒入社した会社で様々な経験を積み、ゼネラリストとしてキャリアの階段を上っていき、そのままその会社で定年を迎えるキャリアモデルが中心でした。

ゼネラリストとは、幅広い分野の経験と知識をもとに総合的な視野を持った人材を指し、スペシャリストとは、特定領域の専門家としての知見を持つ人材を指します。

日本では新卒一括採用が一般的であり、就業経験や実績の無い人材を採用するため、入社した時点から特定の専門領域を定めて採用することは稀です。大多数は、複数の職場や職種を経験し、総合的な視野やネットワークを身に着けることが期待されてきました。

部門間の「調整」が重視される日本企業では、幅広い視野とネットワークを持つゼネラリストの活躍の場も多くあったと言えます。働く側からすると、職場・職種が変わるということは、一時的にパフォーマンスは下がりますが、終身雇用により雇用が保全されていたため、安心して次に挑戦することができたという側面もあります。

海外では、「募集するポジションで最も成果を上げられる人材を採用する」という考え方が主流であり、経験・実績を重視します。学生であってもインターンシップを通した職業経験を求められ、入社時点から特定領域の戦力であることが期待されます。また、雇用の保全性も低く、常に業績を上げることが求められるため、未経験分野への配置転換はしにくく、スペシャリスト型キャリアが中心となっています。

しかし、これでは幅広い領域の判断を求められる経営人材が育ちにくいため、後継者育成計画（サクセッションプラン）が多くの企業で実施されています。海外企業では若手の段階から経営者の素養のありそうな人材を見出し、徹底的に教育と幅広い事業経験を積ませる計画を立てて育成・配置を行うのです。各ポジションで最も業績を上げられるスペシャリストと計画的に育成された経営者人材の組み合わせで組織を構成しているのです。

日本においては、新卒一括採用と終身雇用という労働慣行に支えられ、ゼネラリスト型キャリアは王道キャリアとされてきました。しかし、終身雇用の崩壊とともに、盤石であったゼネラリスト型キャリアは崩れつつあります。

これからのＶＵＣＡの時代は、「会社任せのキャリア形成」では生き残れません。自ら主体的に「キャリアを勝ち取る」ことが必要になってくるのです。では、「キャリアを勝ち取る」とはどのようなことか、ケースをもとに見ていきましょう。

Case 4

異動で積み上がらないキャリアの末路

日本の大手機械メーカーに10年勤め、32歳になるF君。F君は総合職として入社し、最初の1年は製造現場に研修の一環として配属になり、その後は営業部に5年、生産管理部で3年の経験を経て、昨年より販売促進部に配属になったところでした。

F君はもともとマーケティング志望で、入社以来ずっと希望を出し続けていました。今までは、若手は現場を経験させるという会社の育成方針のもと、営業と生産の現場でキャリアを積んできましたが、ようやく念願叶ったのです。しかし、実際の販売促進部はF君の理想とは大分違うものでした。

配属後、まずは仕事を覚えるために、先輩社員のキャンペーン企画のサポートを命じられました。F君はキャンペーンの企画の中でも、いろいろなアイデアを出しましたが、「去年と同じで良いよ」と先輩には聞き入れてもらえませんでした。

先輩との仕事が一段落したので、F君は会社のブランド認知度を上げるために、SNSを活用したマーケティングを提案しました。課長は、「それは本当に効果があるの？ どれくらいの予算が必要で、人手がどれくらいかかるの？」と聞いてきました。F君が答えられないでいると、今の販売促進部では予算も人数も不足しているので難しいね、と話を打ち切られてしまいました。

F君は、すっかりやる気を削がれてしまい、転職を真剣に考え始めました。会社の居心地や報酬には満足していますが、今後マーケティングの領域でやりたいことができる実感が全く持てないでいたのです。そこで、転職エージェントにコンタクトをとり、ある会社のマーケティング職としての募集に応募し、面接にこぎつけました。

しかし面接の場では、「ご自身が手掛けた宣伝やキャンペーンの実績はどのようなものですか?」「どのようなスキルを身につけていますか?」「部下をマネジメントした経験はありますか?」といった経験やスキルを問うような質問が次々と投げかけられ、あまり満足な回答ができませんでした。

後になって、転職エージェントから連絡があり、未経験者として処遇を相当下げるようであれば採用可能という連絡を受けました。転職エージェントからは、マーケティングという職種でチャレンジするのであれば、現報酬を維持したままでの転職は難しいとも言われました。F君はすっかり頭を抱えてしまいました。

図表1-9

管理職の登用年齢

	制度上の標準昇進年齢	実在者の平均年齢
部長	47.1歳	51.1歳
課長	40.2歳	46.3歳
係長	33.2歳	41.7歳

出所：労務行政研究所

大手の日系企業はどこまで使えるのか

前述の通り、日本の王道のキャリアは、新卒入社した企業で定年まで勤め、様々な経験を積みながら、ゼネラリストとしてキャリアの階段を上っていくゼネラリスト型キャリアが中心でした。キャリア形成における個人の選択の余地は少なく、会社が主導権を持つキャリアと言えます。会社にとっては、欠員補充や増員要請などがあれば、柔軟に対応できる実に都合の良いキャリアモデルです。

これは、会社が社員を定年まで雇用するという終身雇用の約束があるからこそ成り立つモデルです。社員にとっては、数年後にどのような職種で、どこで働いているかがハッキリしない会社任せのキャリア形成とも言えますが、その対価として定年までの雇用を得てきました。

キャリアの構成要素で重要なものの一つに「管理職昇進」があります。しかし、会社の高齢化は進んでおり、管理職のポストはなかなか空きがありません。かつては、日本企業はモチベーション維持のために、ポストがなくとも能力があれば管理職へ昇進させる職能資格制度を採用していました。

しかし、昨今では職務主義へのシフトが進み、ポストがなければ昇進させない企業も増えてきました。以前は、真面目に長く勤めていれば課長までは上がれるという期待を社員は持てましたが、そのような期待を持ちづらくなっています。労務行政研究所の調べでは、日本企業の課長登用の標準昇進年齢は40・2歳、実在者の平均年齢は46・3歳になっています。

その実態は、長期にわたり真面目に勤務した社員の中でも、結果を出すことができた限られた社員のみが、そのキャリアの後半に課長のポジションにつくことができる、というものです。

リスクが高い「ゼネラリスト」のキャリア

ＶＵＣＡの時代では、マネジメント経験のないゼネラリストキャリアは非常にリスクが高いと言えます。中途市場で求められるのは、即戦力として活躍できる人材です。一定以上の報酬を得るためには、「専門ノウハウ」「マネジメント経験」のどちらかが欠かせません。

ゼネラリスト型のキャリアは、各部のプロセスを熟知し、社内に張り巡らされたネットワークを味方にしながらスムーズに物事を進めていくことに長けているため、同一の会社で働き続けるには活躍の余地が大きいと言えます。しかし、一歩社外に出ると、その価値は大きく下がります。

かつては、大手企業や一流企業での勤務経験は、転職市場で大きなアドバンテージでした。日本社会では転職市場が活発ではなかったため、大手企業や一流企業での勤務経験を持った人材は、自社にない業務ノウハウを得るための貴重な情報源でもありました。

しかし、現代では大抵の情報は手に入りますし、転職者も増えてきました。そのため、情報そのものの価値は薄れ、転職者の実力に中途採用の判断基準がシフトしつつあります。それでもまだ、日本の転職市場において、どの会社に所属していたかは一定の選考基準として残っており、大手企業や一流企業からの転職希望者が書類で落とされることは稀です。

海外企業においては、このような「社名神話」は一切通用しません。今後、グローバル競争が激化していく中では、日本企業もグローバルでの企業再編の波に呑み込まれる可能性が十分にあります。そのときに、「社名」の威力は薄れ、「実力」で戦わざるを得なくなるでしょう。

従来は、大手企業に総合職として入社すれば「勝ち組」とされていましたが、それも幻想となりつつあります。いかに大手企業であっても、先行きの見えないＶＵＣＡの時代では、ささいなきっかけで企業の存続そのものが危ぶまれることも珍しくありません。私たちビジネスパーソンにとって「会社任せのキャリア」から脱却し、いつでも労働市場で戦える能力を身につけることが現代のリスクマネジメントと言えるでしょう。

「会社任せのキャリア」を脱却するためには、定年まで一つの会社に仕えていくという考えを捨て、企業は自分のキャリアを輝かせるための舞台の一つと捉え、うまく活用していく発想が必要です。大手企業には、他企業にない職務経験を積む機会が多くあるのは事実です。「大手企業に入社したこと」ではなく、「大手企業でしかできない経験をしたこと」があなたの市場価値を大いに高めます。

例えば、海外赴任経験、企業提携や買収などの経験、組織横断的なプロジェクト経験、子会社での管理職経験などは、大手企業ならではの職務経験です。

また特に、ＶＵＣＡの時代だからこそ得ておきたい重要なことは「世界を経験する」ことです。優秀なビジネスリーダーに最も成長を実感した経験を尋ねると、必ずランクインするのが海外経験です。それは、異文化とのギャップを乗り越えるという同質性の高い日本社会では経験しがたい経験をすることで、リーダーとして脱皮し、大きく成長するからです。これまで培ってきた常識が通用しない環境に身を置くことで、胆力を磨くとともに、視野を大いに広げる機会につながります。

もちろん、これらの機会を与えるのは企業であり、キャリア形成の主導権は会社にあります。しかし、自分が望むキャリアや経験を引き寄せられるのか否かには、運だけでなく、本人の意思や努力も大いに影響を及ぼします。企業とは人の集合体であり、機会配分は会社の「誰か」が決めているため、平等ではありません。

キャリアに繋がるチャンスを引き寄せる

成長につながる機会は、高業績な社員や意欲の高い社員に優先的に配分されます。ケース4のF君のように希望を出し続けることや、上司・周囲に挑戦意欲を示し続けることは、自分のキャリアを引き寄せる確率を高めます。一方で、その機会を得たときに即活躍できるように能力開発に努めることも重要なポイントです。海外の経験を積みたいのであれば、赴任が決まっていなくとも語学力を磨くのは当然です。マーケティングの仕事に挑戦したければ、社外講座を受講することや、専門書を読むことで理論的な側面をきちんと理解しておくことが大切です。

いざ機会を掴んだときに、そこからスタートするのでは遅いのです。残念ながら、自身の成長につながる機会は常に目の前に転がっているわけではありません。必死に機会を引き寄せて、いざその機会を手に入れたときには、結果を残せるようにしなければなりません。これらの積み重ねが、さらなる挑戦の機会につながり、あなたのキャリアを輝かせます。そのときには、「社名」に頼らずとも、その経験と実績によって、転職市場では高い評価を得ることができるでしょう。

「会社任せのキャリア」から脱却するためのルートは、もう一つあります。それは、複業やパラレルキャリアを経験することです。これからのVUCAの時代では、単純な勝ち筋が見出せず、本業とは関連性の低い思わぬ経験が活きてくることが起こり得ます。

スティーブ・ジョブズ氏は大学を辞めた後に、自分の興味のある授業だけを受講する学生になりましたが、そのときに文字を美しく見せるための手法であるカリグラフィーの授業に魅了されたそうです。当時は何の役に立つのかわからなかったそうですが、このカリグラフィーのノウハウが、後に美しいフォントを搭載したマッキントッシュの登場につながったのは有名な話です。

会社の業務とは離れて、自身の興味・関心に近い活動を行うことは、視点の広がりや経験の幅を広め、時として本業に良いインスピレーションをもたらします。キャリアを会社の中に閉じずに、オープンにしていくキャリア観はこれからのVUCAの時代に適合していると言えるでしょう。

「手に職」ではもう安心できない

専門知識の提供は差別化にならない

ここまでは、ゼネラリストのキャリアを見てきましたが、その対のキャリアでもあるスペシャリスト型キャリアはどうでしょうか。

スペシャリストの典型は、弁護士や公認会計士などの専門資格を持つ人材があげられます。会社の中には、経理・法務・知的財産・人事などの一定の専門知識を必要とする業務に従事する人材や特定領域の技術者などもおり、これらもスペシャリストに入ります。

ゼネラリスト型キャリアが中心の日本企業においても、学生時代の専攻分野に応じて特定領域に専念するスペシャリスト型のキャリアも存在します。経理一筋30年のベテラン社員などは、どの会社にも必ずいるものです。

このような職場では専門知識が必要なだけに、他部門から未経験者が異動しても専門知識習得に相当な時間がかかるため、ゼネラリストの異動先から敬遠されてきました。そのため、入社時点で既に専門知識を持っている人材を中心としたスペシャリスト型のキャリアが形成されてきたのです。

このようなスペシャリスト型のキャリアは「手に職」と言われ、将来は安泰と考えられていましたが、そのような時代は終わりつつあります。

それは知識や情報がたやすく手に入るようになり、高度な専門知識を提供するだけの仕事はＡＩなどの機械に代替されつつあるからです。不動産業界などはＡＩによる代替が始まっています。不動産の物件価格などは、公示地価、基準地価、路線価といった公開価格をもとに算定しますが、それ以外にも立地や築年数、周辺施設の利便性や学区など様々な要因を考慮する必要があります。

今までは物件価格の査定は、プロの不動産業者の経験と勘によるところが多分にありました。ＡＩは大量のデータ蓄積があれば、それを解析して確からしい解を導くことができます。このような物件価格の査定はＡＩの得意領域であり、ＡＩによる値付けサービスを実際に導入している企業は増えつつあります。専門家の経験や勘が、ビッグデータやＡＩに置き換わっていくのは時代の流れです。

ＶＵＣＡの時代のスペシャリストは「知っている」というだけでは、通用しません。専門性を武器に問題解決をはかることが求められるのです。では、ＶＵＣＡの時代のスペシャリストのあり方について、ケースを交えて見ていきましょう。

Case 5

崩れる「潰しが利くキャリア」

G君は、自分の父親が不況の時代にリストラの一環で子会社へ転籍させられ、悔しい思いをしてきたと聞いて育ったこともあり、自分は手に職をつけたいと考え、経理の分野に進みました。大学時代は専門学校に通い、公認会計士の資格取得を目指していましたが、残念ながら合格には至りませんでした。しかし、簿記の資格なども持っていたので、大手企業の経理部に入ることができ、経理としてのキャリアを歩むことにしました。入社後は決算業務や連結会計などを担当し、充実した日々を過ごしていました。

5年目になったとき、G君は会社から異動を命じられました。グループ全体で経理業務を集約した、シェアード・サービスセンターを設立することが決まり、その準備を行うための組織への異動でした。ゆくゆくは別会社を設立し、その会社のマネージャーとして出向するということも覚悟してほしいとのことでした。

G君は、経理として深い知識・経験を積んでいくことを希望しており、経理オペレーションを効率的に回していくシェアード・サービスセンターの仕事は自分のキャリア意向に合わないと感じたため、改めて公認会計士の資格取得も視野に入れて考えてみようと思いました。

そこで、専門学校時代からつきあいがあって、公認会計士として大手監査法人に勤める友人に相談してみることにしました。しかし、友人は資格取得に否定的でした。

「監査法人は人手不足だから、資格を取得したら採用される可能性は高いと思うよ。だけど、会計士の将来が明るいかというと難しいね。顧客企業の監査業務は一つひとつのチェックが中心で泥臭くて、大変な仕事だよ。その監査業務にしても、今後AIなどにとって代わられる可能性も高いしね。コンサルティングやアドバイザリの領域にシフトしていかないと、会計士として生き残っていくのが厳しいことは明らか。

ただ、公認会計士の資格をとったからといって、そういう仕事ができるとは限らない。資格をとったから安泰ってことじゃなく、その資格を活かしてどう生き残っていくかを考えなければならなくなっているね。今は、監査法人を辞めて事業会社に行こうとする人も多いけど、転職市場は苦戦することが多いみたいだよ。企業側は計画的に人員を採用していて、求職者の事情には関係なく、必要なときに必要な分しか求人を出さないからね」

G君は、公認会計士でも転職が難しいことを聞き、改めて「手に職」とは何だろうかを考えるのでした。

従来、経理・法務・知的財産・人事などのスペシャリスト型のキャリアは「潰しが利く」職種とされてきました。「潰しが利く」とは、もともと貴金属などを鋳つぶして、他の製品に造り変えても価値が下がらないことから、転職しても他の会社で活躍できるという意味で用いられる言葉です。

経理・法務・知的財産・人事などの職種は、どこの会社においても必要とされる機能であり、求められる専門性は共通な部分が多いため、「潰しが利く」とされてきました。弁護士や公認会計士、社会保険労務士などの士業の資格保有者も過分な報酬さえ望まなければ、十分に「潰しが利く」職業でした。

しかし、その前提は崩れつつあります。オックスフォード大学のマイケル・オズボーン准教授は「THE FUTURE OF EMPLOYMENT：How SUSCEPTIBLE ARE JOBS TO COMPUTERISATION. Carl Benedict Frey and Michael A. Osbone September 17. 2013（雇用の未来〜コンピューター化によって仕事は失われていくか）」という論文を発表し世界中で大きな話題になりました。この論文は、702種類の職種についてコンピューターによって代替されるかどうかを仔細に研究したものです。

それによると、米国の雇用の約47％は、今後10〜20年の間に仕事が機械によって自動化されるリスクが高く、消滅する仕事は知的労働にも及ぶとされています。

金融業界において銀行員やトレーダーの仕事が消滅しつつあるということは既に触れま

したが、知識量や情報量で価値を発揮していたような仕事は今後、機械への代替が進むことでしょう。

知的労働にも及ぶ「消滅する仕事」

例えば、法務の契約書作成やリーガルチェックなどはＡＩの得意領域に含まれます。採用などにおいても、シリコンバレーではＡＩが面接担当を務め、表情や視線から求職者の心理状況や面談内容の真偽、本人の特性を判定するサービスなどが展開されており、日本でも同じようなサービスがスタートしています。採用は「ヒトを見抜く力がないとできない」というのは古い考えです。

もちろん、「ヒトを見抜く力」は最終的には必要ですが、最初から最後まで全てのプロセスでヒトが関わらなければならないということではなく、得意な部分や効率的な部分は機械に任せていくといった具合に、仕事をシフトしていくでしょう。

世の中が急激なスピードで変化していっている中で、過去に身につけたスキルで勝ち続けることはできません。ＶＵＣＡの時代に求められるスペシャリストは、高い専門性を持っているだけではなく、問題解決能力を求められます。

ケース５に登場する大手監査法人に勤める友人が話すように、資格取得はスタートライ

図表1-10

10年後に消える仕事と残る仕事

消えそうな仕事	消える確率	残るだろう仕事	消える確率
電話マーケティング	99%	小学校教員	0%
スポーツの審判	99%	看護師	1%
モデル	98%	獣医	4%
カフェ店員	97%	救急救命士	5%
事務員	96%	グラフィックデザイナー	8%
ネイリスト	95%	ソフトウェア開発者	13%
タクシードライバー	89%	消防士	17%

出所：THE FUTURE OF EMPLOYMENT：How SUSCEPTIBLE ARE JOBS TO COMPUTERISATION.
Carl Benedict Frey and Michael A. Osbone September 17. 2013

ンに立つことと同義という認識を持ち、その専門性を武器に問題解決へシフトしていかなければ、VUCAの時代のスペシャリストは生き残りが難しいでしょう。

著者はコンサルティングという仕事柄、M&Aや企業合併の支援をすることも多く、弁護士や会計士、年金数理人や社労士など様々な専門家と協働することがあります。

これらの専門家の方には、大きく2つのタイプがいます。専門的知識を背景に杓子定規な対応をする方と、顧客の意向や文脈に合わせて柔軟に問題解決に向けた提案をしてくれる方です。

当然ながら、顧客に求められるのは後者の問題解決型の専門家です。このような問題解決型の専門家に話を聞くと、過去にそのキャリア観を大きく揺さぶられるような経験をした方が多くおられます。コーン・フェリーがパートナーシップを組む専門家の中には、銀行員としてキャリアをスタートさせたものの、銀行都合での融資に疑問を持ち会計士へ転身された方や、泥臭い労働争議に真摯に向き合い経営者の頼れるパートナーとしての地位を確立された弁護士の方などもいます。

ＶＵＣＡの時代に活躍するスペシャリストは、雇用や収入の安定を求めて専門家になるというメンタリティーではありません。何らかの問題を解決するために、専門知識・能力をフル活用しようというメンタリティーで仕事に臨んでいるのです。問題解決を続けていれば、地位や収入は後からついてくるという考え方も重要です。

スペシャリスト型キャリアの場合、専門知識・能力の習得のみに専念してしまうと、どうしても視野が狭くなりがちです。そこで視野を広げるためには、その分野に関わる様々な問題解決の経験を幅広く積むことが有効です。

新たなシステムの導入や、プロセス・体制の構築、買収・統合の経験などは、将来、自分がどのような問題解決に取り組みたいかを考える大きなきっかけになります。どのような問題解決に取り組みたいかを自問自答しながら固めてきた意思が、ＡＩに負けない真のプロフェッショナルへの道を示してくれるでしょう。

新たな選択肢としてのベンチャー企業

自立型人材が成否を分ける

これまで、日本企業における典型的なキャリアであるゼネラリスト型キャリアとスペシャリスト型キャリアを見てきました。ここにきて、新たな選択肢としてあがってきたのが、ベンチャー企業です。ベンチャー企業とは、革新的な技術や製品・サービスをもとに新たな事業を展開する新興企業のことを指しています。

今では大企業ではありますが、楽天やサイバーエージェント、メルカリなども新たな革新を世の中に起こしてきた偉大なＩＴベンチャー企業でもあります。昨今では、大手企業からベンチャー企業へ転職する社員も増えてきました。

では、何故、ベンチャー企業という選択肢が増えてきたのでしょうか。それは、インターネットの急激な発達とともに、新たな技術やサービスを生み出す機会が圧倒的に増えたからです。大手企業が必ず勝つのではなく、革新的な技術やサービスが市場を一気に変化させる可能性が高まってきています。

働き手から見ても、急成長中の組織の一員として働くことは、大きな刺激を得られる機会です。コーン・フェリーが転職を支援する方の中には、ベンチャー企業を渡り歩く方もいますが、ある方は「ベンチャーの成長過程特有の熱量を求め続けてしまう」と語ってくれました。特に創業期であれば、創業者の理念や人格に大いに感化される機会も多いことでしょう。

また、ベンチャー企業では、会社の成長・実績と個人の貢献の関連が強く、充実感を得やすい環境でもあります。例えば、1万人の社員がいる大企業では個人の貢献は1万分の1であり、自分の貢献が企業の業績に与える影響は軽微です。しかし、30人のベンチャー企業では個人の貢献は30分の1なので、自身の貢献と企業の業績を密接に関連付けることができるのです。ベンチャー企業は自身の存在は重要であると実感できる環境であり、他者から認められたいという承認欲求を満たす可能性の高い職場とも言えます。

ベンチャー企業は向き不向きが大きく分かれます。ベンチャー企業で水を得た魚のように活躍する人もいれば、思うような活躍ができずにくすぶってしまう方もいます。大手企業で十分な実績を上げた方でも、ベンチャー企業で同じように活躍できるとは限らないのです。

ベンチャー企業で活躍できるのは、不確かな状況を楽しみながら、ゴールまで全速力で駆け抜けることができる自立型人材です。向き不向きが大きく分かれるベンチャー企業ですが、その成否を分ける違いを見ていきましょう。

Case 6

向き、不向きが大きく分かれるベンチャー企業

H君は、大手電機メーカーに5年勤めましたが、あまり成長実感が持てないため、自分の力をもっと試してみたいと思い、デジタル広告を手掛ける創業3年目のベンチャー企業に転職しました。約30人程度の小さな会社だったので、事業を立ち上げていく経験ができるのではないかと思ったからです。

特にデジタル広告に対する知識・経験はありませんでしたが、未経験者でも歓迎され、報酬も現在の水準を維持してもらえるとのことだったので、不安はありつつも転職を決意しました。入社初日から、怒涛の日々が始まりました。知識や経験はないものの、まずは先輩について既存顧客の担当になりました。

この企業では、5社ほどの主要顧客が売り上げの8割を支える売り上げ構成になっており、週次で広告効果と対策を顧客に報告することになっていました。先輩は、先週の広告効果を報告し、購入率が落ちてきたため、広告媒体への出稿内容の変更などの追加施策を提案していました。H君もその場に同席し、打ち合わせの様子を見ていました。

帰り道に先輩から、H君に「じゃ、来週から僕も同席はするので、広告効果の分析と

報告をお願いできる?」と聞かれ、H君はいきなり仕事を任されることに驚きつつも引き受けました。

帰社後に先輩から過去の報告資料を受け取り、通常の分析の流れや手順を口頭で簡単に説明を受けましたが、特にやり方が決まっておらず、試行錯誤しながら行っているようでした。実際に分析を始めてみると、思った以上に手作業が多く、かなり時間がかかりました。数日後に、先輩に仕上がりを見てもらうと「まぁ、良くできてるんじゃないか」と言われ、いくつか助言をもらい何とか報告書を仕上げることができました。

いよいよ報告のタイミングが来ましたが先輩から、「他案件で緊急事態が起きてしまったので、一人で報告に行ってきてくれないか」と頼まれてしまいました。H君は断ることもできず、一人で行くことにしました。

報告は一通り聞いてもらえたものの、顧客からはいくつか鋭い指摘を受け、答えられずに気まずい雰囲気でミーティングは終了しました。H君は帰社後に先輩を掴まえて、ミーティングの内容を報告すると「そのレベルの指摘だったら大丈夫。こういう感じで対応しといて。別の案件でクレームを受けているので、次回も行けない可能性はあるけど、何とかお願いできないか」と言われてしまいました。

入社時期が近い同僚に相談すると、「あの先輩はいつもそうなんだよ。少しできそうだったら、どんどん丸投げしてくるんだ。実際、本人も難しい案件を抱えているから、仕方がないんだけど。自分で顧客に何を指摘されそうなのか、どう対処すべきか、理論武装して対応しないと大変な目に遭うよ。上は頼れないから自分で腹をくくらないと」と助言されました。

Ｈ君は次週の報告に向けての分析を始めながら、大変な会社に入ってしまったと嘆息するのでした。

試されるのは「個人の力」

大手企業とベンチャー企業では組織の成熟度や業務のプロセスが大きく異なります。大手企業では組織ごとにきちんと役割分担が決まっており、スムーズに仕事が流れるプロセスが出来上がっています。しかし、ベンチャー企業では多くのことが未整備な中で事業を立ち上げていきます。走りながら、足りないところを埋めていくという粗っぽいプロセスで物事が進んでいきます。場合によっては、一人で何役もこなさなければならないことも多々あります。

良くも悪くも、個々の能力がモノを言う世界でもあります。そこで求められるのは、圧倒的なスピード感と当事者意識です。やらなければならないことが山のようにあり、一つひとつの仕事が会社業績に直結しますので、スピードとサバイバル競争が重要な要素でもあるのです。「即断・即決・即実行」とも言いますが、とかく動きが速いことがベンチャーの大きな特徴と言えるでしょう。これは、大手企業でキャリアを積んだ多くの人にとって、最初に感じるカルチャーショックになります。

資料を準備し、会議で報告・承認を受けて実行していたプロセスがほぼなくなり、全社員が全速力で仕事をしている環境に身を投じることになり、何倍あるいは何十倍も異なるスピード感で働いているような錯覚を起こします。

また、ベンチャー企業では少ない人数で会社を運営しているため、一人ひとりが当事者意識を持って解決に当たることを強く求められます。各人が「自分で考え、自分で決める」ことが求められるのです。

できそうな人には、裁量や権限をどんどん委譲していくのもベンチャー企業の特徴です。大手企業での感覚では、役職者が重要な判断をしたり、責任を持ったりすることが当然ですが、ベンチャー企業では必ずしもそうではありません。むしろ、自分から動いて、裁量や権限を勝ち取っていくような積極性が求められます。大手企業での業務の進め方やスピード感とは大きく違う中で、意識をうまく切り替えられるかどうかが、成否を分けるポイントでもあります。

不確定要素への対応が成功のカギ

ベンチャー企業においては、不確定要素が極めて多い点も特徴の一つです。顧客基盤や収益構造も脆弱なことが多く、顧客に主導権をとられることも少なくありません。そのような場合には、顧客の要望や要請を受けざるを得ず、仕事量が増加するリスクが往々にしてあります。慢性的に人手は足りず、個々の力量にはバラツキがあるため、仕事が炎上することも少なくありません。

経営者や管理職のマネジメント力も不確定要素にあげられます。経営状態についても必ずしも安定しているとは言えません。個としてのサバイバル能力を高めてもなお、そこには運不運が存在する不確実な世界がベンチャー企業と言えます。

ベンチャー企業を転身先として選ぶ場合には、以下の3つの条件が揃っていることが大切です。

1 転身先の会社の事業やビジョンに共感できる
2 あなた自身がセルフスターターであること
3 あなた自身が曖昧さを許容でき、楽観的な性格を持っていること

1つ目の条件は、最も重要です。シンプルに言うと、あなた自身が転身先の事業に生きがいや社会的意義などを見出すことができるかどうかです。ベンチャー企業においては、様々な困難に直面することになります。時として、プライベートの生活がなくなるほどに仕事に追われることもありますし、顧客から無理難題を突き付けられることもあります。そのような心が折れそうな局面で自分を支えてくれるのは、「仕事の意義」です。「何のためにこの仕事をしているのか」「何を成し遂げたいのか」という思いがベンチャー企業で働く上では欠かせません。

2つ目の条件は、ベンチャー企業特有のスピード感と当事者意識への適合性に関連します。セルフスターターとは自分から動くことができる人材を示しますが、ベンチャー企業では特定領域の業務に限らず様々な業務をこなしていかなければなりません。誰かの指示を待っていると、あっという間に仕事は山積みになってしまいます。自分でやるべきことを見つけ、次々と解決していくマインドセットが重要になってきます。

3つ目の条件は、不確定要素への対応力に関連します。ベンチャー企業は、不確定要素が極めて多い環境と言えます。全てがキッチリ決まっていなくとも、仕方がないと割り切る鷹揚さが重要になります。また、運不運の要素も大いにあり、理不尽な経験をすることも少なくありません。一つひとつの出来事に落ち込んでいたら、メンタルが持ちません。成功に向けて力を尽くすことは必要ですが、心のどこかで「何とかなるさ」と楽観的に捉えるポジティブさが大切になってきます。

ベンチャー企業は混沌としたＶＵＣＡの時代の縮図でもあります。ベンチャー企業で生き残っていくのは容易ではありませんが、その混沌の中からこれからの時代にマッチした力強いビジネスパーソンが生まれてくることでしょう。

私たちビジネスパーソンの先行きは、かつてなく見通しが利きにくくなっています。大手企業であれ、潰しが利く職種であれ、ベンチャー企業であれ、盤石なキャリアというものはもはや存在しないと言っても過言ではありません。「どこで働くか」ではなく、「どのように働くか」が先行きの見えない中では重要なポイントになります。

本章では、今現実に起きている変化に着目してきましたが、次章では時代の変遷から個々人に何が求められているかをひもといていきます。

第 2 章

誰にも真似できない「価値」の作り方

経営手法の時代だった「平成」

「経営フレームワーク」はなぜ、最強のツールだったのか

平成は米国式の経営手法が席巻した時代です。なぜ、米国式の経営手法がもてはやされたかを知るために、もう少し時計の針を戻してみましょう。

昭和は、高度経済成長を背景にした大量消費の時代でもあり、モノを作れば売れる時代でした。その結果、効率的な生産方式や物流網の整備が進み、日本中にモノが行き渡るようになりました。不動産が高騰する中で企業は利潤を追求し、様々な分野に多角化を進めていきました。多くの企業が本業に関係ないゴルフ場やリゾート施設などへの投資を行い、日本経済はバブル景気に沸き立ちます。

しかし、１９９１年にバブルが崩壊し、日本経済は「失われた20年」に突入します。バブルの熱狂から冷め、消費は急激に冷え込んでいく中で、企業は生き残りをかけた戦いを強いられることになりました。その中で、一躍脚光を浴びたのが米国式経営手法です。収益を追い求め多角化した事業は、撤退や再整理を余儀なくされました。「選択と集中」が経営戦略のキーワードとなり、勝てる領域に絞り込んで経営資源を投下していくことに多く

の企業が取り組みました。
「選択と集中」はＧＥ（ゼネラル・エレクトロニック）の元ＣＥＯであるジャック・ウェルチ氏が実践したことで有名です。ウェルチ氏は「ＧＥは、世界で最も競争力のある企業になる。そのために全ての市場でナンバー1かナンバー2になる。その可能性のない事業はテコ入れするか、売却するか、閉鎖する」と宣言し、70近い事業を撤退もしくは売却しました。その徹底的な合理化により、20万人近い人員削減と60億円近い経費削減で業績を回復させ、米「フォーチュン」誌に「20世紀最高の経営者」と称されました。

日本企業がこれらの米国式経営手法を実践するために活用した経営フレームワークの代表格が、ボストン コンサルティング グループ（ＢＣＧ）の「プロダクト・ポートフォリオ・マネジメント（ＰＰＭ）」です。

ＰＰＭとは市場成長率と市場シェアの2軸によって、各事業のポジショニングを明らかにするもので、どの象限に位置するかによって、「花形製品（Star）」「金のなる木（Cash Cow）」「問題児（Question Mark）」「負け犬（Dog）」に仕分け、各事業・製品への投資や撤退の判断を検討するフレームワークです。

撤退の判断は、極めて困難かつ重要な経営判断と言えます。先行投資を損切りする判断が必要になりますし、そもそもの事業の投資判断の是非にも責が及びます。社長や重役の推進する事業であれば、周囲から撤退を進言するのは難しくなるのは言うまでもありませ

図表2-1

平成：経営手法の時代

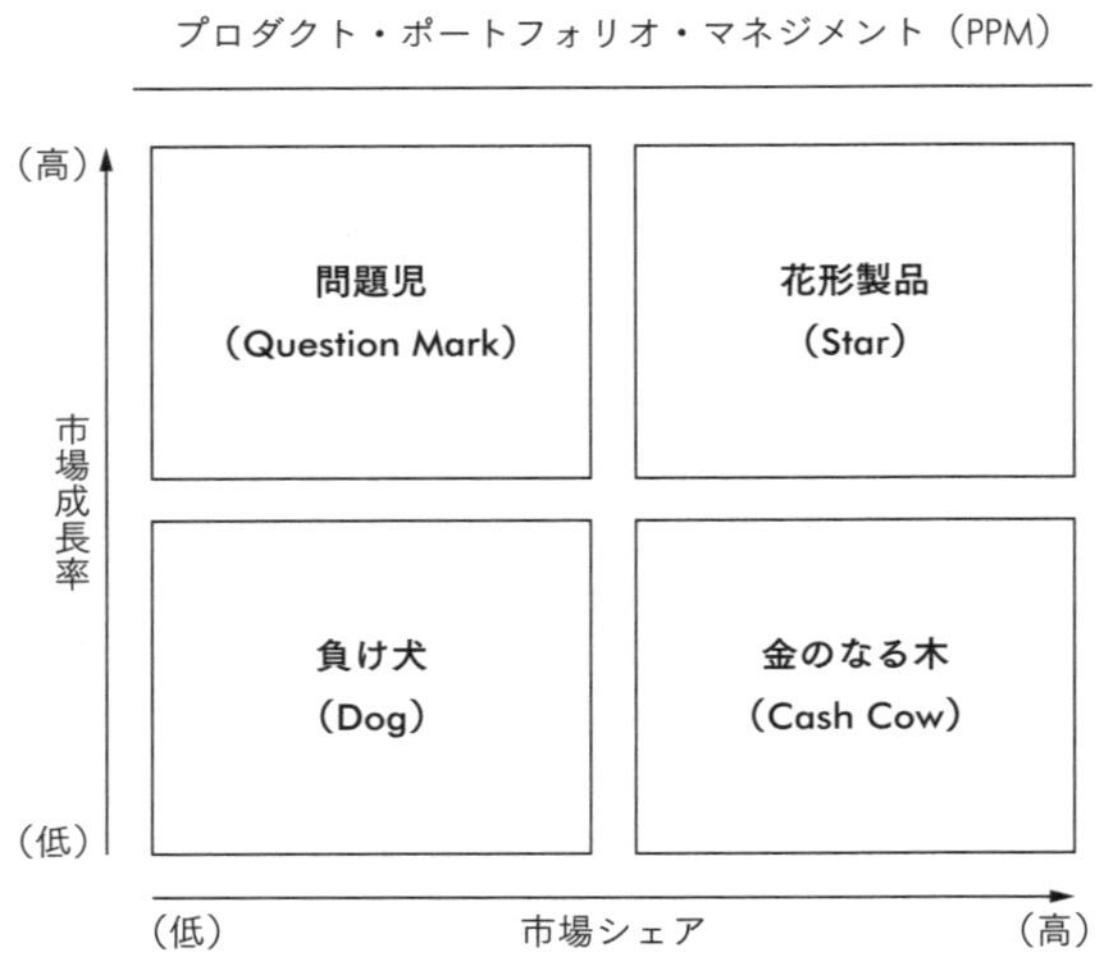

ん。

また、事業の撤退は、そこに従事する社員や取引企業などに多大な影響を及ぼし、判断を鈍らせます。経営フレームワークは、そのような難しい意思決定に対して、合理性を持ち込めることが最大のメリットとも言えます。

過去や現在の責任者が誰であったかや、どのような困難さがあるかは関係なく、会社にとってその事業が必要か否かを問うことで経営陣に合理的な判断を促すのです。

このような米国式経営手法や経営フレームワークによって、多くの日本企業は戦略なき多角化から脱却していったのです。平成の時代には、バリューチェーン[※1]やファイブフォース[※2]、バランスト・スコアカード[※3]など様々な経営フレームワークが生まれ、企業はこぞってそれらを取り入れていきました。

では、なぜ「経営フレームワーク」が最強のツールだったのでしょうか。それは、市場の予測が比較的しやすかったためです。インターネットでの商取引が爆発的に広がっていったのは、スマートフォンが普及する２０１０年以降になりますが、それ以前の商取引のベースはヒトや実店舗を介在するものが中心でした。そのため、資本力が大きくモノを言う時代であり、魅力的な製品・サービスを作り出し、幅広いチャネルを通じて売り上げを作っていくビジネスモデルが主流でした。

いかに優れた技術、製品、サービスを開発しても、その資本力ゆえにそれらを大々的に市場へ流通させることができず、成功に至らないことも多々ありました。異業種からの参入障壁も高かったため、市場や業界、また競合のトレンドが予測しやすい環境だったと言えます。「経営フレームワーク」は将来が予測しやすい環境の中で、どの方向に向かえば成功確率が高いかを示す羅針盤として、大いにその威力を発揮したのです。

※１　バリューチェーン：事業活動を機能ごとに分類し、どの部分で付加価値が生まれるかを整理・分析するフレームワーク
※２　ファイブフォース：競合、売り手、買い手、新規参入、代替製品の５つの力を分析し業界環境を整理するためのフレームワーク
※３　バランスト・スコアカード：４つの視点（財務、顧客、業務プロセス、学習と成長）により、組織の業績、効率に影響を及ぼす因子を明らかにする手法

崩れ去った「終身雇用」と「年功序列」

平成の時代は、日本人のキャリアという点でも大きな変化をもたらしました。かつて、日本企業の躍進の秘訣とされた「終身雇用」と「年功序列」は崩れ去りました。平成と令和が切り替わる2019年のタイミングで、経団連の中西宏明会長（日立製作所取締役会長 執行役）やトヨタ自動車の豊田章男社長から、企業が終身雇用を維持することは難しいという趣旨の発言があったのも、時代を象徴していると言えるでしょう。

「選択と集中」の経営を進める過程で、「成果主義」という言葉が多くの日本企業で定着し、企業業績への貢献度が高い人材へ厚く報酬を配分するようにシフトしていきました。

また、かつては「終身雇用」を貫いていた企業でも、業績不振や再建のためにリストラせざるを得なくなりました。図表2‐2は過去5年で正社員の数を大きく減らした企業のランキングですが、エレクトロニクス業界が多く名を連ね、その苦境を物語っています。

M&Aはその件数を伸ばし、所属する組織が他社に買収されるということが、決して珍しいことではなくなりました。かつてのビジネスパーソンにとってキャリアとは、土台として揺るがない「雇用」の上に成り立っていましたが、その「雇用」そのものが不安定化したのが平成の時代と言えます。

このような平成の厳しい環境下で、新たなキャリアの選択肢も生まれてきました。外資系コンサルタントや外資系金融などが代表格ですが、いわゆる「就社」ではなく「個人の力」を磨くようなキャリアです。就職氷河期や大企業のリストラなどを目の当たりにした世代では、既に「会社」に属するメリット自体が見出しにくくなっていました。

激務ではあるものの、若い頃から大きな責任を担い、常に自分を磨くことができる環境に身を投じるという選択をする人も増えてきたのです。また、その激務に見合ったリターンを得られるメリットも十分にありました。

外資系の投資銀行では、米国ＩＴバブルをはじめとした市場のトレンドをうまく掴まえた人は、一財産を築き上げたと言います。外資系コンサルティングファームでも若くしてプロジェクトマネージャーになり、年収が１０００万円を軽く超えるビジネスパーソンも多く出ました。しかし、リーマンショックを機にこれらの外資系キャリアは、もろくも崩壊します。

厳しいようですが、成果が出なければ雇用継続はできないというのが外資の掟です。市場全体が縮小する状況は、本人の能力や努力ではどうにもなりません。リーマンショック後に大規模なリストラが外資の金融業界を襲い、多くの金融パーソンがこのタイミングで業界を去ることになりました。

コンサルティング業界も同様に、顧客企業のコンサルティング需要が一気に冷え込むことで、大規模なリストラをせざるを得なくなりました。この時期、コンサルティングファー

図表2-2

5年前から正社員数を減らした企業

順位	社名	5年前比正社員増減数（人）	正社員数（人）	5年前比正社員増減率（%）	非正社員数（人）
1	パナソニック	▲117,417	249,520	▲32	—
2	ソニー	▲42,900	125,300	▲26	—
3	ルネサス エレクトロニクス	▲27,470	19,160	▲59	887
4	日立製作所	▲26,501	335,244	▲7	45,111
5	NEC	▲17,114	98,726	▲15	—
6	富士通	▲15,821	156,515	▲9	17,207
7	第一三共	▲15,239	15,249	▲50	—
8	東芝	▲14,829	187,809	▲7	—
9	マブチモーター	▲13,047	24,419	▲35	97
10	シャープ	▲12,069	43,511	▲22	—
11	東京電力ホールディングス	▲10,115	42,855	▲19	2,855
12	パイオニア	▲9,739	17,046	▲36	—
13	日本電産	▲9,271	96,602	▲9	26,116
14	キヤノン	▲7,815	189,571	▲4	—
15	ユニデンホールディングス	▲7,674	797	▲91	—
16	フォスター電機	▲7,048	49,266	▲13	—
17	セイコーエプソン	▲6,946	67,605	▲9	—
18	ミツミ電機	▲6,133	34,704	▲15	—
19	アーク	▲5,182	3,551	▲59	384
20	セイコーホールディングス	▲5,005	13,437	▲27	860

出所：東洋経済オンライン（2017年6月6日）

ムの再編が進み、経営統合や買収などが多く起こりました。厳しい環境下で、コンサルティングファーム自体も生き残りの道を必死で模索した時期でもありました。

変わりつつあるマッキンゼーやＢＣＧ

その後、景気は持ち直しましたが、コンサルティングファームはその事業やサービスを大きく変えつつあります。世界最高峰のコンサルティングファームであるマッキンゼー・アンド・カンパニーでは、アップルのデザインを手掛けた老舗デザイン・コンサルティングファームを買収し、「デザイン」を武器としたサービスを模索中です。

ＢＣＧでは、デジタル領域で専門性の高いエキスパートを擁するDigitalBCG Japanを設立し、ＡＩや機械学習、ロボティクスなどのデジタル領域での企業変革の支援を始めました。

かつては、各コンサルティングファームはそれぞれ強みとなる領域を持っていましたが、その境目は曖昧になっています。それは、顧客企業の事業や機能が複雑になってきているからでもあります。

そのため、戦略系ファームであっても、業務オペレーションや会計、ＩＴ、組織・人事といった畑違いのテーマを取り扱うことも増えてきました。一方で、ある領域に特化したコンサルティングファームが戦略領域のテーマを扱うことも増えています。

コーン・フェリーは組織・人事を扱うコンサルティングファームですが、何か特定のソリューションで解が出るようなプロジェクトは少なくなり、事業戦略と密接に紐づいた組織・人事面の課題解決を求められる機会が多くなってきています。経営手法で勝ち筋を見出せた平成の時代は終わりを告げ、新しい令和の時代の幕が開きました。それでは、令和はどのような時代になっていくのでしょうか。

「令和」の主流はテクノロジーによる価値創造

1日に100食しか提供しない京都の国産牛ステーキ丼専門店

令和はテクノロジーの時代です。情報の流通速度はさらに加速し、良い情報も悪い情報も瞬く間に拡散される情報社会でもあります。昭和・平成は莫大な宣伝広告費をかける企業が「勝ち」を手に入れやすい時代でした。

しかし、現代では情報は拡散され、評判という形で製品やサービスの評価が下されます。他に真似できない「本物の価値」が人々を惹きつけ、情報は拡散され、宣伝広告をかけなくともヒットにつながるという新たな成功の型が生まれつつあります。ここからは、実際の企業の事例を交えながら、ＶＵＣＡの時代を生き抜く成功の秘訣に迫っていきます。

外食業界は、現代の情報化社会の影響をダイレクトに受けています。食べログやRettyなどのレビューサイトが店の売り上げに大きく影響を与えることは言うまでもありません。口コミの効果は絶大です。実際に店に足を運んだ消費者が、損得感情抜きで味やサービスレベルを判定するため、リアリティーがあります。

平成以前であれば、雑誌への広告出稿などで集客を伸ばすことができましたが、令和の現代はそう簡単ではありません。たまたま、広告で消費者の目にとまったとしても、実際に来店する前に多くの消費者はレビューサイトなどでその評判を確認します。オープンな情報社会の前では、広告によって取り繕うことは難しいのです。

京都に1日に100食しか提供しない、国産牛ステーキ丼専門店の佰食屋《ひゃくしょくや》というレストランがあります。営業時間は約3時間半で、長時間労働が長い外食産業にあって、ほぼ残業なしのホワイト企業として有名です。提供する食事を100食に限定することで、廃棄ロスをなくすことができ、十分な利益率を確保しつつ高い原価率のランチの提供を実現、ほぼ毎日完売しているそうです。

代表の中村朱美さんは、子供の頃から料理人になることが夢だった夫のステーキ丼を食べて「こんなに美味しいものがあるのか」と衝撃を受け、開店を決めました。「100食限定」のコンセプトもこれだけ売れたらいいよねということで、決めたそうです。開店当初は思うように客足が伸びず、開店資金の500万円もすぐ底をつきました。

あるとき、ふと思いついて、それまでの白米の上にステーキ肉を切って載せる丼スタイルから、山状に白米を盛って側面にステーキ肉を盛りつけるフォトジェニックなスタイルに変えてみたところ、ネット上で瞬く間に評判になり、人気店へと変貌したのです。味やサービスそのものは大きく変わっていませんが、見せ方を「映え」させたことにより、消費者の「思わずシェアしたい」という感情を喚起させたのです。

「カメラを止めるな!」のヒットはどう作られたのか

2018年、平成最後に大ヒットした映画「カメラを止めるな!」(以下、「カメ止め」)は、新しい時代の訪れを感じさせるヒットの仕方でした。公開当初はミニシアター2館でスタートした映画が、あっという間に累計300館以上で公開されるようになり、観客動員数は200万人を突破しました。

この大ヒットは、関係者の努力と映画に魅了されたファンによって成し遂げられたものでした。もともと、本映画は公開前に映画祭で映画賞を受賞しており、コアな映画ファンの注目を集めていたらしく、公開間もない頃の劇場に詰めかけてきていたのは年配層でした。

徐々にツイッターなどで評判になり、若い層も興味を持って映画館に足を運ぶようになります。相次ぐ「満員」で入館できない人が続出したことで、一気に話題を集めます。その後、要所要所で人気声優や著名人がインフルエンサーとしてSNSで映画を猛プッシュし始めます。

ツイッターのフォロワー数222万人(2018年7月時点)の元AKB48の指原莉乃《さしはらりの》さんは典型的ですが、「とにかく見にいってほしい」というツイートを何度となく投稿しています。ネタバレ厳禁な内容ということもあり、多くの著名人が「何も説明しないけど、絶対見るべきなんです」「とにかく面白かった」という趣旨のツイートに終始したことも多くの人の関心を呼びました。

上映館が一気に増えたのも、大手配給会社のアスミック・エースの担当者が、気になっていた「カメ止め」を見て、これは面白いということで、共同配給をさせてほしいとプロデューサーにすぐ提案したことがきっかけだそうです。

また、このヒットの裏には関係者の努力があったことも見逃せません。映画の公開以降、毎日のように舞台挨拶を行い、観客と積極的に記念撮影などをしてツイッターへの投稿をお願いしていました。また、監督や俳優をはじめとした関係者全員がツイッターアカウントを作り、映画に対する思いをつづったり、映画に関する投稿をしている人のツイートに「いいね」やコメントを残したりすることを意識的に行っていました。

上田慎一郎監督は、「毎日毎日、見にきてくれた方の感想ツイートに、『ありがとう』という気持ちを込めて、スタッフ総出で『いいね』を押し1年間続けてきた。全員の『いいね』の数を数えたら100万回を超える。その100万回の『ありがとう』が起こした奇跡なのかと思っている」と、Webグランプリの贈賞式で語りました。

「カメ止め」のヒットは様々な偶然が重なった奇跡とも言えますが、人々の共感と支持を得る素晴らしいコンテンツであったことに加えて、多くの人がSNSを通じて後押しした新しいヒットの形と言えるでしょう。

利用者の裾野を広げた「ツケ払い」

また、令和は、テクノロジーを活用した今までにない新たなサービスが次々と生まれてくる時代です。例えば、旅行業界は今まさに変革を迫られています。JTBは駅構内や街の中心地に店舗を構え、旅行手配などを代行する事業を行っていますが、そのビジネスモデルが大きく揺らいでいます。

その原因は大きく2つあげられます。オンライン旅行会社の急伸と、異業種からの参入です。世界の旅行市場ではエクスペディアやブッキング・ドットコムが席巻しており、日本の国内旅行市場においては、楽天トラベルが台頭しています。楽天トラベルは国内の主要旅行会社シェアの1割を占めており、今後もその成長は続くものと予測されます。

ネット販売は旧来の旅行代理店に比べてコスト効率が圧倒的に優れており、その利点は利用者に格安旅行という形で還元されます。年間の旅行取扱額を従業員数で割った場合、JTBが1人当たり約5800万円なのに対し、エクスペディアは1人当たり約4億6000万円とその差は歴然です。このまま旧来の旅行代理店が手をこまぬいていると、いずれオンライン旅行会社に大きくシェアを奪われることになるでしょう。

JTBでは、オンライン商品の充実をはかるとともに、「外商部」を設立して個人の富裕層向けのビジネスを展開したり、遠隔オペレーターがテレビ電話で対応する「無人店舗」

を設置したりと、改革を進めています。この話はまさにデジタルvs実店舗の戦いの代表例と言えます。

しかし、この戦いはもはや、オンライン旅行社vs旅行代理店という単純な構図ではなくなってきています。なぜなら、他業種からの参入があるからです。その代表格はシェアリングエコノミーで民泊のマッチングを提供するAirbnb（エアビーアンドビー）です。

Airbnbでは、２０１７年度に約５８５万人の旅行者が日本でサービスを受けたと発表し、かなりの旅行需要を取り込んでいることが明らかになりました。利用者アンケートでは約89％が「都市全体を通じてホテルよりも便利な立地にある」ことをあげたほか、約84％が「暮らすような旅をしたいから」と回答しており、コスト面以外にも旅行者を惹きつけている要素があると推測されます。

他にも、新たな旅行サービスを武器に参入するベンチャー企業が増えています。「ズボラ旅by こころから」は、利用者が何も考えなくても、うまい具合に旅行プランを提案してくれる「無思考型」のサービスで、サービス開始からユーザーが殺到し、3時間でパンクしたことで話題になりました。従来の旅行予約サービスは、予算内で宿泊先や宿泊日、旅程、移動手段などを決めていく煩わしさがありましたが、ズボラ旅では宿から周辺観光、ランチ、交通手段に至るまで、旅行業の資格を持っているスタッフがチャットで提案してくれます。そしてプランが確定したら、その手配を全てしてもらえます。

図表2-3

令和：テクノロジーによる価値創造の時代

2017年度旅行業者取扱額ランキング（国内旅行）　（億円）

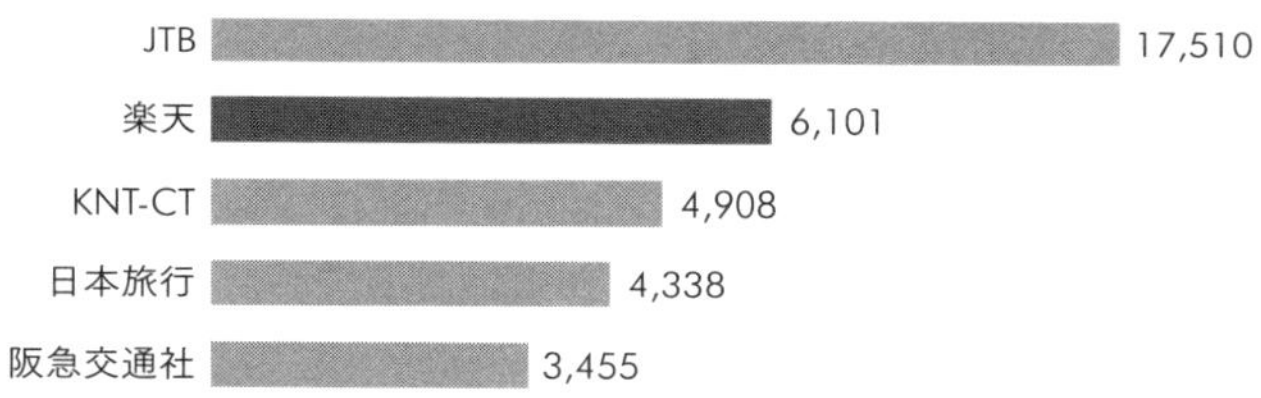

出所：観光庁

旅行はしたいけど面倒なので腰が重い、という消費者層の新たな掘り起こしにつながっています。「TRAVEL Now（トラベルナウ）」では、10万円以下であれば旅行代金の後払いができる新しいサービスを展開しています。従来はお金に余裕がある人が旅行業界のターゲットでしたが、このサービスを使うと手元にお金がなくとも行けるようになります。

友人と来月海外に行こうなどと盛り上がっているときに、たまたま手持ちがないために旅行を諦めていた人も、旅行に行ける選択肢が生まれました。ネットでの衣料品販売を行うZOZOTOWNでも、「ツケ払い」ができるようになりましたが、利用者の裾野を広げる良いきっかけになるでしょう。

このように、旅行業界を例にとると、様々なプレイヤーが入り乱れ、異なる利点を訴求しており、「勝ち筋」が見出しにくい混沌とした状況へと突き進んでいることがわかります。

「幸せな体験」が差別化となったバルミューダ

このような、ＶＵＣＡの時代を生き抜いていくための一つの条件は、「他の人が真似できない新しい価値」を身につけることです。競争が激化していく中で、消費者やユーザーを惹きつけるには、オンリーワンの価値が価格以上に威力を発揮します。

例えば、バルミューダというベンチャー企業が家電業界を席巻しています。独自技術によって自然界の風を再現する扇風機や、最高の香りと食感を実現するトースターなどで多くのファンを惹きつけています。中でも、驚くほど美味しくパンが焼けるトースターは、家電業界に大きな衝撃を与えました。

エジソンがトースターを発明したのは１９００年代前半になりますが、トースターは約１００年もの間その基本機能に変化がありませんでした。そこに、スチームと温度制御によって、「外側はクリスピーで内側は柔らかいパンが焼ける」という新たな価値を生み出したのです。パンを焼く前に、専用の小型カップでトースター上部にある給水口に水を投入する一工程も、ユーザーにとってオンリーワンの「特別感」を演出するものになっています。

その結果、２０００～３０００円のトースター製品市場において、10倍以上の値段であっても飛ぶように売れているのです。バルミューダの創業者であり製品開発を指揮する寺尾玄氏は、もともと技術者ではありません。高校を17歳で中退して、世界中を放浪し、ミュージシャンを目指す夢追い人でした。

ミュージシャンへの夢を諦め、次に何をしようか模索していた時期に、楽曲制作で長く使っていたアップルのＰＣから、「良いツールは人生を変える」というヒントを得て、モノづくりの道へ進もうと決意します。モノづくりを学ぶために、自宅周辺の町工場を訪ね歩きましたが、素人である寺尾氏は全く相手にされませんでした。しかし、諦めずに片っ端から訪ねた結果、ある町工場が受け入れてくれ、無償で機械の使い方を教えてくれたり、実際に使わせてくれたりしました。

そこで1年にわたって技術を学び、スタイリッシュなノートＰＣ専用の冷却台「X-Base」を開発しました。まさにバルミューダの原点とも言える製品です。寺尾氏の見込み通り、1台3万円以上もするX-Baseに、3カ月で１００台を超える注文が入りました。

その後、様々な革新的な製品を次々と生み出していきます。その開発プロセスは試行錯誤の連続だそうです。魔法のトースター誕生の裏側には奇跡のようなストーリーがあります。

ある日バルミューダで、社内バーベキュー大会を企画したそうですが、当日はあいにくのどしゃぶりの雨でした。思い出になるからという理由で決行し、びしょぬれになりながら肉を食べていましたが、メンバーの一人が食パンを持ってきて、炭火で焼き上げました。

そのトーストは表面がパリッとしていながら中に水分が十分に残っており、完璧な美味しさだったそうです。

これをトースターで再現させたいと、寺尾氏が思ったことが開発のきっかけでした。次の日からそのトーストの再現実験を始めましたが、炭を変えても火の距離を変えても一向に再現できませんでした。

ふと誰かが「そういえばあのとき、すごい雨が降っていましたよね」と言ったことから、水分という答えに行きついたのです。その後、人気ベーカリーの協力などを得ながら、温度変化や水分の与え方についてありとあらゆるパターンを試し、焼き上がりの重量変化や風味などを計測し、最も美味しい条件を追究していきました。

開発チームはこのトースターのために、5000枚以上のトーストを食べたそうです。偶然のきっかけから感動的なトーストができ、その感動を再現するために途方もない努力を重ねた結果に生み出された製品なのです。

バルミューダでは、「素晴らしい体験」を大切にしており、パンを口にした瞬間の「幸せな体験」がバルミューダの価値だと捉えています。

寺尾氏は、高校中退後の世界を放浪中、スペインの街角で疲弊しきっていたときに地元のベーカリーで分けてもらった焼き立てのパンに涙を流すほど感激したと語っています。バルミューダの製品を通して、そのような感動的な体験を創り出すことが、他に真似のできない価値へとつながっているのです。

令和の時代は情報が広がるスピードが速いため、コモディティー化もかつてないスピードで進んでいきます。凡庸な製品やサービスは競争にさらされ淘汰されていきます。業界の壁は低くなり、異業種からの参入もしやすく、新たな革新的な製品やサービスが次々と生まれてきます。

誰にも真似できない「本物」であれば、たとえ資本力による宣伝ができなくとも、勝てる確率が格段に上がっています。いかにして、「本物の価値」を生み出すかが大きなカギになると言えるでしょう。ここからは、ＶＵＣＡの時代を生き抜くために、私たちビジネスパーソンがどのように「本物の価値」を生み出し、生き抜いていくのかについて解説していきましょう。

ＶＵＣＡの時代に求められる「アジリティの高い人材」

ＶＵＣＡの時代を勝ち抜く「成功の秘訣」

ここまで、昭和に始まり、平成、令和へと時代の変遷を紹介してきました。昭和は大量消費を背景に、「モノを作れば売れる時代」でした。平成は、「モノを作っても売れない時代」となり、経営フレームワークを駆使し、「儲かるモノを予測して作る」方向性へシフトしていきました。そして令和は、「予測困難なＶＵＣＡの時代」となり、テクノロジーの進化で未知の競合や製品・サービスがしのぎを削り合う時代へと突入したのです。

ＶＵＣＡの時代においては、時間と手間をかけた市場調査やあらゆるリスクを排するために検討を尽くした戦略や将来予測は、あまり役に立ちません。それらに代わって新たに求められるものは、アジリティの高さです。アジリティとは、「俊敏さ」「機敏さ」「回転の速さ」などを意味しますが、変化を敏感に察知し、柔軟かつ迅速に物事に対応しようとする力を指します。では、その成功の秘訣を読み解いてみましょう。

秘訣① 外に出て、視野を広げよう

ＶＵＣＡの時代を生き抜いていくためには、変化に敏感でなければなりません。日本企業は今まで社員に「会社で長時間働く」ことを求めてきました。このワークスタイルは、従来の製品・サービスを改善・改良することに長けていますが、変化への対応や新しい価値の創出は難しいと言わざるを得ません。

また、組織内の階層の中で長く働くことで、「ウチ向き」の意識がどうしても大きくなってしまいます。顧客や競合よりも、社内への意識を重視するようになると、社外で起きている変化に鈍感になりがちです。私たちビジネスパーソンには、意識を「外」に向けることが今まで以上に求められています。

コーン・フェリーが業務変革のために支援したある文具メーカーでは、営業社員からＰＣを取り上げて、タブレット端末を渡し、顧客やユーザーのもとに足を運ぶように指示しました。営業を統括する役員の方は、「営業社員がＰＣに向かって、提案書や報告書を書いている時間がとてつもなく長かった。確かにきれいな資料を作っていたが、それに膨大な時間を費やし『仕事をした気になっている営業』が多くいた。営業社員の本分は営業活動にあるのだから、優秀な事務スタッフに資料作成は任せて、できるだけ外に出すようにした」

と語ります。同社ではこの活動を始めて、実際に営業の受注件数が伸びただけでなく、様々な商品アイデアが出るようになり、大いに職場が変わったそうです。

また、直接本業に関係しない活動が思わぬところで良い影響を与えてくれることもあります。コーン・フェリーが支援した営業パーソンの勝ちパターンを探るプロジェクトで、ある飲料メーカーの営業パーソンが明かしてくれた好例を紹介いたします。

その方は休日や余暇を使い、自身の地域の町おこしの活動に身を投じていました。地方自治体や地域の商店街とタッグを組んでイベントを開いたり、地産地消を推進したりしていましたが、その官民を巻き込んだ活動が話題を呼び、他の自治体からも協力の要請が来るようになりました。

その流れで他自治体の町おこしも手伝っていると、ふとした雑談をきっかけにイベントの飲料提供にも会社として協力してほしいと依頼されたのです。通常、このようなケースはコンペとなり、利益が確保できないこともあるそうですが、十分な利益が出た上に、主催者からは随分と感謝されたそうです。

「少し違った視点」が助けになる

ネットワークが発達した現代では、社外で接点や知見を得る機会を比較的たやすく手に入れられます。朝活などに参加すると、共通の趣味やテーマについての勉強や意見交換する機会を得られるでしょう。リクルートキャリアが提供している「サンカク」では、企業で働きながら、様々なベンチャー企業のサービス開発やニーズ探索のディスカッションにサンカク（参画）することができます。テーマは化粧品ブランドの立ち上げからＡＩでのビジネス創出や地域振興など、幅広く募集されており、自分の強みや関心に合ったテーマを見つけることができます。

自社という狭いフィールドの中で仕事を続けていると、視野はどうしても狭くなってしまいます。社外にインプットやアウトプットの場を求めていくことで、今までにない新しい着想を得ることができます。社内において、「少し違った視点を持っている」ということは、それだけでも大きな武器になるはずです。

また、自身の価値観に大きな変化をもたらし、視野を広げるという点では、「世界を経験する」ことが極めて有効です。日本企業の多くはグローバルでの競争にさらされていますが、世界規模で物事を捉える視点はビジネスパーソンにとって必須と言えます。私たち日本人ビジネスパーソンの多くは日本で育ち、日本の常識の中で物事を捉えがちですが、グローバル競争を勝ち抜くためには、私たちが持つ常識の枠を取り払わなければなりません。

世界を見て回ると、日本では想像もつかない光景を目にすることができます。キャッシュレス先進国の北欧では、露店や有料トイレなどでもモバイル決済やクレジットカードを使うことができます。実際に北欧の旅行に行った方のなかには、「現金を一度も使わなかった」と驚く方も少なくありません。特にスウェーデンは進んでおり、マイクロチップを手の甲に埋め込む人も増えており、手の甲で決済する「未来のお金社会」を目の当たりにすることができるでしょう。

かつて貧しい発展途上国のイメージが強かったアフリカ諸国でも、今や多くの人がスマートフォンを持ち歩いており、その光景に驚かされます。また、昔ながらの暮らしを送るエリアと急速に発展するエリアが混在し、急速に発展を遂げる国特有のアンバランスさと熱気を感じることもできるでしょう。

コーン・フェリーが転身を支援したあるエグゼクティブは、自費を投じて世界を体験することで大きく価値観が変わったと言います。その方は英語の社内公用語化が本格的に進み始めたため、2週間の休暇をとりフィリピンへ短期留学に行ったそうです。フィリピンはかつて米国の占領下にあったこともあり、訛りの少ない英語を安価で習得できる語学学校が多く、人気の短期留学先です。帰国後にその成果はどうであったかを尋ねると、英語学習以上に異文化を知ることが貴重な経験になったと話してくれました。

朝から晩まで若いフィリピン人講師と英語のレッスン漬けの毎日でしたが、放課後はフィリピン人講師を誘って夕飯をご馳走していたそうです。フィリピンの若者が自分の国にどのような思いを持っているかや、どのような暮らしぶりをしているかなどを、身ぶり手ぶりも交えていろいろと会話しているうちに、文化や考え方の違いを思い知らされたそうです。

日本にいると、フィリピンは「アジアの発展途上国の一つ」という認識ですが、実際に現地に赴き、現地の人々と交わることで、認識を大きく改めるきっかけになっています。

VUCAの時代は、次に何が起こるか予測が困難です。こんな時代だからこそ、幅広い視野を身につけることが大切です。職場と自宅を往復するだけでは、幅広い視野を獲得できません。外へ出て、知識の習得や人との交流を積極的にしていきましょう。それが、未来の時代を生き抜く能力を身につける第一歩になるはずです。

秘訣② アイデアをたくさん出してみよう

VUCAの時代は、予測困難な「何が当たるかわからない」時代です。そのような環境下で、「当てる」ためには、数多くのアイデアの中から、成功確率の高そうなものを試してみるというプロセスが重要になってきます。

アイデアを生み出すには、コツがあります。ソフトバンクグループ創業者の孫正義氏は、大学時代に1日一つ発明することを自身に課し、1年間で250ものアイデアを生み出しました。その思考法の一つは、組み合わせ法です。カセットとラジオを組み合わせるとラジカセ、オルゴールと目覚まし時計を組み合わせると目覚まし時計といった具合に、既存のものに違ったものを組み合わせると今までにないものが生まれると気づいたそうです。

それを応用し、キーワードを書き込んだ大量のカード（りんご、椅子、電話、時計など）からランダムに引いて、そこから連想することで発明のアイデアを生み出したのです。

イノベーションの中には、実は他の業界で培われた技術やビジネスモデルが転用されて生まれたものも多くあり、この組み合わせ法は理にかなっています。

例えば、富士フイルムが写真フィルムで培った独自の抗酸化技術を活かし、「アスタリフト」に代表される化粧品事業で成功を収めたのは有名な話です。

また昨今、動画や音楽などデジタル領域のサービスでは当たり前とされていた継続課金型のビジネスモデルであるサブスクリプションが他業界に転用されつつあります。家具や美容院、衣類やアクセサリーなども定額を支払えば、利用し放題というサービスが生まれており、「売り切り」を前提としたビジネスに「定期定額利用」という新たなサービスを付加することで、新たな顧客層を獲得しています。

私たちビジネスパーソンが、多くの時間を投じているのは「仕事」であり、その業界については熟知しています。その「仕事」に何か別の視点を組み合わせることが、最も実効性の高いアイデアを生み出すコツと言えるでしょう。

秘訣①に出てきた「自分が参加している外の活動」は新たな視点として有力です。例えば、介護関連の業務に従事し、趣味でキャンプを行っているとしたら、「介護」×「キャンプ」で何か新しい価値を生み出せないかと発想してみることです。両方に精通している方であれば、一般の人でも簡単に思いつく用具面のアイデアだけでなく、移動手段やサービスなど介護の現場で直面している様々な実体験をもとにした実効的なアイデアが湧いてくることでしょう。

「直感」と「論理」のバランスを鍛える

たくさんのアイデアが出てきたら、その中から自分がすべきことを取捨選択することが重要になってきます。その時代の思考法として大切なポイントは、「直感」と「論理」のバランスです。既に何度か触れていますが、VUCAの時代では市場や顧客データから積み上げて勝ち筋を作り出すことは困難です。そのため、「論理」だけで解を導くのは難しく、「直感」が非常に重要になってきます。

しかし、「直感」の赴くままに動いていては、無駄打ちが多くなってしまいます。個人で行う活動はそれでも構いませんが、周囲を巻き込んでいく活動では、周囲を説得する「論理」が不可欠です。「直感」を重視して狙いを定めた上で、「論理」でアイデアを補強していくという思考プロセスが必要になります。いかに独創的なアイデアであっても、市場や顧客が存在しなければ成り立ちません。そのアイデアを成り立たせるために、必要な投資や市場・顧客規模、新規性やリスクなどをリストアップし、どのように乗り越えていくかを考えることが重要になります。

アイデアを絞り込んでいく上で、もう一つ重要なポイントがあります。コーン・フェリーの研究結果では、動機と成果は大きく関連性があることがわかっています。動機は、「外発的動機」と「内発的動機」に分けられます。「外発的動機」とは自分の心の外にある要素から動機づけられることを示し、報酬や社会的地位は「外発的動機」の一つです。「内発的動機」は心の底から湧き上がってくる「挑戦してみたい」「ワクワクする」といった自分を突き動かす原動力のようなものです。

コーン・フェリーがある調査プロジェクトの一環でヒアリングしたボランティア団体からは、興味深い事実が出てきました。そのボランティア団体は、ボランティアスタッフの善意で運営が成り立っており、各ボランティアスタッフが自発的に活動していました。つまり、ボランティアスタッフの「内発的動機」によってその運営は成り立っていたのです。

あるとき、運営側が申し訳ないと思い、些少ながら参加しているボランティアスタッフに日当を支払ったのです。運営側は、この報酬によりボランティアへの意欲が高まると考えましたが、実際は違ったのです。今までは、個々人が空いた時間に自由意思で参加できる気楽さがありました。しかし、報酬が支払われることにより、アルバイトのシフト制のように、お互いに従事する時間を分担し始めたのです。ボランティアスタッフは、運営の苦しい財布事情も知っているので、配慮もあったそうです。

一度シフトが決まった後に休んでしまうと、困る人が出てくるので、義務感が生まれました。そのうちに、息苦しさを感じ、活動そのものを休止してしまう人も続出したのです。「外発的動機」は職業意識や義務感を高めますが、「内発的動機」は主体性や挑戦意欲を引き出します。「内発的動機」で動いている人に報酬を支払ったところで、更なる「動機づけ」にはつながらないのです。

「内発的動機」を刺激するテーマを選ぶことは、「本物の価値」を見つける手がかりにもなります。ヒットする製品やサービスの中には、「自分が欲しいものを作った」というケースが多々あります。自分自身がその製品・サービスに魅力を感じていなければ、相手の共感を引き出すことはできません。

たくさんのアイデアを出して、その中から自分が打ち込めそうなものを探し当てることが、「本物の価値」へとつながる秘訣です。

秘訣③　アイデアをすぐに試してみよう

最後の秘訣は、アイデアをアイデアのままで終わらせず、実際に行動に移してみることです。小さなことからでスタートさせ、ユーザーの反応やフィードバックを得ながら、その製品・サービスの成功の可能性や改善・改良の余地を探っていくのです。米国で靴のネット通販市場を切り開いたパイオニアとして有名なザッポスは、創業時にある実験を行っています。

履き心地が重要な靴は実店舗で購入することが常識とされていましたが、創業者のニック・スインマーンは靴をオンライン上で購入する顧客はいるのではないかと仮説を立てました。そこで、近所の靴屋に頼み、在庫品の写真を撮らせてもらい、撮った写真をウェブに掲載し、誰かが買いたいと言ってくれたらお店の売値で売るという実験をしたのです。この実験から、どの程度の顧客が靴を買うかという定量的な結果にあわせ、顧客の不安点や要望などのインプットを得られたそうです。

「とにかく試してみる」ことは、机上で考えるより、よほど実践的で学びの多いアプローチです。また、現代では「試す場所」が増え、「試すコスト」もどんどん下がっています。インターネットを通して「実現したいこと」を発信し、支援者に資金提供や協力を募るクラウドファンディングは新たに生まれた「試す場所」の一つです。大手クラウドファンディングサイトのMakuakeでは、まだ世の中にない様々なアイデアが次々と生まれてきています。

愛知県の車用品メーカーのビートソニックが立ち上げたデザイン重視のＬＥＤ電球「Siphon（サイフォン）」もそんなアイデアの一つです。開発者の戸谷大地さんは、漠然と車業界の先行きに不安を感じているときに、同じく危機意識を持つ代表取締役社長とＬＥＤ照明でもやってみようかと開発を始めたそうです。

喫茶店やレストランで使われている白熱電球を同じ雰囲気のままＬＥＤにできたらと思い開発したものの、販路もブランドもない中で社内でも不安の声が出たそうです。そのため、ユーザーの反応を見て製品化ができるクラウドファンディングの仕組みを使ったところ、当初の支援目標金額の１５０万円の10倍近い支援金が集まり、量産に踏み切りました。

従来の商品開発では社内で会議を重ね、投資の是非を慎重に決め、大規模な投資の判断をする必要がありました。しかし、不確実性の高いＶＵＣＡな現代においては、これらの大規模投資はリスクの高い賭けです。よって、「小さく、素早く、試してみる」ことが成功の秘訣なのです。

この「小さく、素早く、試してみる」ことは、製品・サービス開発以外にも転用できます。例えば、周囲への提案やディスカッションなども立派なアクションです。業務のプロセスについてアイデアがあれば、上司や同僚に提案して、自分の目の届く範囲からスタートさせるのもよいでしょう。社外の人間に自分のアイデアを話し、意見を求めることも有用です。何らかのアクションに移すことで、他者の支援やフィードバックを受け取り、自分のアイデアをブラッシュアップしていくことが重要です。秘訣①にもつながりますが、外にネットワークを持ち、良き相談相手を確保することで、自分の考えを「試す場所」を広げることができます。

小さく、速く、PDCAをまわす

また、「たくさん試してみる」ということも同様に大切です。優れたアイデアであったとしても、先進的すぎたり、共感を得られなかったりすることは多々あります。当初の狙い通りに周囲の理解を得られなかった場合には、機能や内容を見直すなど、改善・改良していくことが必要です。どうしても突破口が見つからない場合には、スパッと見切りをつけて、次点のアイデアに移る決断も時として大切です。

アマゾンやグーグルは、様々な革新的なサービスを生み出す一方で、撤退しているサービスが多い企業です。アマゾンでは上場以来70以上の新規事業に参入していますが、その3分の1近くは早期に撤退しています。

グーグルも多くの事業を立ち上げてきましたが、２０１９年にサービスを終了したＳＮＳサービス「Google＋（グーグルプラス）」をはじめとする多くの事業に巨額な資金を投じたにもかかわらず撤退させています。変化が激しいこのＶＵＣＡの時代の中で、「試して」みて見込みがないようであれば、「撤退する」という判断は合理的です。「撤退」できないのであれば、「試す」ことも難しくなってしまいます。

ＶＵＣＡの時代において、手数は重要な要素です。ビジネスの基本は「ＰＤＣＡサイクルを回す」ことにありますが、平成の時代のように精度の高い Plan を立て、年度・半期の単位でＰＤＣＡサイクルを回していては競争に勝ち残れません。高速でＰＤＣＡサイクルを回し、アイデアを実際に試してみながら、「続行」と「撤退」を素早く決めていかねばなりません。

最初にヒットが出れば運が良いですが、なかなかそうもいきません。小さくはじめ、高速でＰＤＣＡサイクルを回す中で、モノになりそうかどうかを見極めながら、試行錯誤を繰り返さなければなりません。多くの場合、「本物の価値」は無数の失敗と試行錯誤を経て、初めて得られるものなのです。

数々の常識を打ち破ってきたファーストリテイリングの会長兼社長である柳井正氏は、その著書『経営者になるためのノート』（ＰＨＰ研究所、２０１５年）で次のようにつづっています。

「優れた勘やアイデアは、ドアに頭をぶつけた時などのふとした瞬間にひらめくようなイメージを持たれがちですが、本当はそうではないと思います。その前のプロセスに重要性があるのです。つまり、そこに行きつくまでの間に、どれだけいろいろなことを考えて、いろいろな人と話をして、そしていろいろやってみて、そこで真剣に自問自答するか。これが大事なのです。（中略）何百、何千といろいろなことを汗水たらして考えた人にしか、ひらめきは訪れず、優れたアイデアという結晶にはいたらないのです。経営者は、時として自らがアイデアをリードしなければいけない場面、突破口を作らねばならない場面があります。経営者としてのそういった能力の面からも、やはり自問自答を習慣化することは大切なのです。」

ＶＵＣＡの時代に求められる「アジリティの高い人材」とは、「多様な人材とつながりを持ち、様々な刺激を受け、既存の枠に収まらないアイデアを自由に生み出し、試行錯誤と自問自答を繰り返しながら俊敏に時代に対応しようとする人材」です。

次章以降では、それらの条件を一つずつ見ていくことにしましょう。

第 3 章

これからの時代に
成長する人の7つの条件

世界の変化が見えていない日本人

グローバルと日本の基準は何が違うのか

「ＶＵＣＡ」という言葉の意味、またビジネスにおける個人・企業の勝ちパターン自体が平成から令和という時代の変遷の中で大きく変化してきたことを第２章までで紹介してきました。ここから本題の〝ＶＵＣＡの時代に日本企業で働くビジネスパーソンが具体的に取り組むべきこと〟に論点を移していきたいと思います。

ＶＵＣＡの時代における事業の成功の法則は、創造と破壊を高スピードで繰り返し、１勝９敗の実験で勝ち取った「１」をテクノロジーの活用によって一気にグローバルに展開して、「１００」さらには「１００００」の企業価値を創造していく世界です。昭和・平成の時代で多くの日本企業が成功した、〝周到な準備〟から創り上げた「10」を確実に毎年10％ずつ成長させていく「調査・計画・改善モデル」では全くスピードが追いつかなくなっています。そのような新たな時代に成長できる人に共通する７つの条件を具体的に見ていきましょう。

図表3-1

成長できる人が持っている7つの条件

条件名（英語）
1 学びのアジリティ（Learning Agility）
2 修羅場経験の幅（A track record of formative experience）
3 客観的認識力（Self-Awareness）
4 パターン認識力（Aptitude for logic and reasoning）
5 リーダーの役割を担う内発的動機（The drive to be a Leader）
6 リーダーに適した性格特性（Leadership Traits）
7 自滅リスクを回避する力 （Managed derailment risk）

VUCAの時代に成長できる人に共通する7つの条件

1 学びのアジリティ

ＶＵＣＡの時代に最も重要とされるものの一つが「学びのアジリティ」です。第２章でも「アジリティの高い人材」という表現をしました。アジリティとはもともと「機敏さ、素早さ、敏しょう性」といった意味ですが、ビジネスの現場においては環境変化に適応するための経営や組織の機敏性という意味で使われます。「学びのアジリティ」は組織ではなく個人における環境変化に対する適応の機敏性という意味になります。

学びといっても、当然ながら簿記やＴＯＥＩＣ

といった〝知識〟のことを指しているわけではありません。ＶＵＣＡの時代においては事業・市場・顧客・社内の状況が刻一刻と変化していきます。そのような環境の中では、〝事業を成功させるための学び〟を最前線の現場から高速で習得し、それらを現場で適用することで、さらに学びを加速させて早期に成功を引き寄せる高い機敏性が求められます。「学びのアジリティ」が強い人物の特徴として下記があげられます。

- そもそもの好奇心が非常に強く、安定的な環境よりも新規・曖昧・複雑な環境を好む
- 人間関係については同質性や調和よりも、多様性や個性を重視する
- 過去の成功の継続よりも、未来に対する挑戦意欲が強い
- 達成〝できそうな〟目標よりも、大きなビジョンに基づいたストレッチ目標に奮い立つ

昭和・平成の日本企業における勝ちパターンの人材モデルには、正直あまり必要とされなかった典型的な条件の一つであると言えます。

多くの日本企業では新入社員ならともかく、管理職の平均年齢近くにもなれば「出る杭」としてバツがつけられる最有力候補となっていた条件ではないでしょうか。しかしながら、ＶＵＣＡの時代のリーダーには「必須条件」の一つと言っても過言ではありません。

変化の激しい時代だからこそ、リーダーとしての適性には熟練や専門性よりも、学びの

図表3-2

学びの機敏性と熟練・専門性

Mastery（熟練） Expertise（専門性）	Learning Agility（学びの機敏性）
• 職種／技術的な専門家として認識されている • 代替が利かない存在 • 信頼されるリソース • 専門領域において卓越した結果を残し続けている	• 新しい職務をスムーズに習得することができる • 曖昧さと複雑性に対応することができる • 変化を好む • 初めての状況で結果を出す

機敏性の重要度が高まっているのです。

しかし日本企業では「出る杭」として過去数十年にわたって敬遠されてきた人材だとすれば、日本企業の現経営陣に「学びの機敏性」をグローバル水準で備えている人物がいることは非常に稀です。それが、現在の日本企業でダイナミックに方向転換させる舵取りが立ち遅れている理由であるとも言えます。

では、そのような日本企業の環境の中で、皆さんはどのように「学びの機敏性」を習得していくべきか、第4章で具体的な行動事例を紹介していきたいと思います。

2 修羅場経験の幅

多くの経営者の皆さんから「30代・40代で修羅

場経験をして、それが後の自分を形作った」という話をよく聞きます。では、ビジネスの上でキャリア発展に有効な修羅場経験とは、一体どのような経験を指すのでしょうか。この点についても、一定の共通項があることがコーン・フェリーの調査からわかっています。

具体的には、多くの成果を出しているビジネスマネージャーやトップエグゼクティブは、以下のような経験をキャリアの中で積んでいます。

- 新しいサービスまたは製品の企画
- 新しい組織、事業の立ち上げ
- 組織、事業の合併や買収
- 組織、事業の閉鎖や売却
- 海外赴任
- 業績不振の組織、事業の業績改善
- 突発的な事業リスクへの対処
- 大規模な事業上の取引や労働契約の交渉
- 全社的な変革プロジェクト
- 長年全社的に解決できていない問題や課題の解決

これらの経験を、若手のうちはプロジェクトのメンバーとして、一定の経験を重ねた後にはリーダーとして積んでいくことが、キャリア発展に有効であると調査からわかっています。リーダーとしてチームやプロジェクトや拠点業績といった「組織責任」が加わることがより大きな修羅場経験の幅となるためです。

「30代で急に海外の業績不振工場に単身乗り込むことになり、最初は全く相手にされなかったが、熱意と丁寧な説明が最後には伝わって業績が大きく改善した」というような、自身の修羅場経験をもって語れる人物が多いこととも合致します。

また、もう少し前述の経験を抽象化すると、「始める」「変える」「止める」という3つの経験が大原則として有効であることがわかります。それらを総合的かつ主体的に経験する（せざるを得ない）場所として、海外赴任という機会がベストという構図になっています。

興味深いことに、「納期までに高い品質で業務を完了する」といった、日本企業が重きを置いている項目は入っていません。また、その経験の〝長さ〟にもあまり注目しておらず、むしろ重要視しているのはどれだけ「幅のある」修羅場経験をしているかという点です。

もちろん、あまりに短すぎる経験を転々とすることを良しとしているわけではありません。しかし、多くの日本企業では未だに「年齢」を基準に配置や登用が決められており、5年、10年とこれといった修羅場経験や専門性が身につくわけでもないような仕事を続けていることは珍しくありません。

「35歳までは何も言わず歯を食いしばって頑張ろう」「引き継いだ業務を大過なく安定的に遂行する」などの発想をしていては、ＶＵＣＡの時代に積むべき経験から遠ざかってしまいます。第1章でも触れましたが、修羅場や専門性が身につく経験を引き寄せられるかどうかには、本人の意思と努力が大きく影響を与えます。引き寄せるためには、自分が修羅場経験や専門性を得られる経験を求めていることを周囲に示し、そのための準備を怠らないことです。

現在、自分が従事している仕事に手ごたえや成長実感を持てず、仕事を無難にこなすだけになっているのであれば、危機感を持ちましょう。今、皆さんが行っている仕事は「修羅場経験」や「専門性を高める経験」なのか、その点を振り返ってみるとよいでしょう。もし、そうでないならば、良い経験を引き寄せるための行動をとることも重要です。

3 客観的認識力

変化の激しいＶＵＣＡの時代では、自分を取り巻く環境も刻一刻と変化していきます。そのような時代では、「上司が自分のことをきちんと見てくれていて、ふさわしい仕事に抜擢してくれるはず」という前提に立つことはリスクでしかありません。これからは、皆さん自身がキャリア戦略を作っていく時代なのです。そのような時代では、客観的に観察する力を意識的に高めておく必要があります。客観的な観察には以下の2つがあります。

- 自己認識：自分の強み・弱みを、他者のフィードバックから正しく認識する
- 状況認識：自分が他者に与える、他者から受ける影響の範囲と強さを正しく認識する

まず1つ目の「自己認識」については、自分の認識（主観）を持ちながらも、同僚や上司、部下や恋人、配偶者といった他者からの情報（客観）を積極的に収集し、主観と客観のずれがある場合にはそれを補正することが大事になります。

他者からのフィードバックは、自身を成長させる絶好の機会です。外資系企業では上司からかなり直接的なフィードバックを受ける機会も多くありますし、育成目的で多面評価を実施することも一般的です。日本企業でも育成目的で多面評価を行う企業は増えつつありますが、フィードバックについては圧倒的に不足しています。

低業績者に対して甘い対応を続け、いざリストラ局面になると「実はこの人は問題があるが、言いにくいので悪い評価をつけてこなかった」と上司側から吐露されることが少なくありません。フィードバックを得るには、自分から聞きにいくことが一番です。「何か改善することはありませんか？」「今後、成長のために克服すべきことはありませんか？」と

問うと、大抵の上司は何らかの改善のヒントを与えてくれます。

また、「厳しい」と有名な人物はフィードバックをくれる貴重な存在です。このような人を避けずに、積極的にフィードバックを聞きにいきましょう。「耳の痛い言葉」は自身の成長に重要なインプットと捉え、積極的に収集する姿勢が重要です。

また、これから皆さんは、社内であれ社外であれ、自分の欲する経験を獲得するために自分を売り込む局面が出てきます。その際に「評判」というものは、自分が思っている以上に相手に影響を与えます。

「自分が認識している自分」と「他者から見えている自分」に大きな乖離があると、思ってもみなかった異動を言い渡されたり、転職の決定間際にリファレンスチェック（前職の同僚にヘッドハンターが評判を聞く行為）で思わぬ評判が出てきて機会を失ったりということにもなりかねません。

内面や能力を磨くのは当たり前として、自分の商品価値の物差しの一つとなる「評判」を観察し、適切な自己認識を形成していくことが重要です。

2つ目の「状況認識」は、職場環境に対する観察力です。優れたリーダーは、自分の強みを「いつ、どのように、誰を介して」組織に発揮すべきかを戦略的に考えて実行しています。当然ながら歴史のある組織であればあるほど、不文律や暗黙知、役職には表れない陰の権力者が存在しています。

そのような「組織を実質的に動かしているメカニズム」を徹底的に観察し、自分の強みをここぞという場面で発揮して、組織内に影響力を示す重要性が増しています。ＶＵＣＡの時代においては、組織のあり方が旧来的で硬直的なヒエラルキー型の組織から、目的を共有するプロフェッショナル人材が集まり目的を達成したら解散していくという、プロジェクト型の組織運営がより増えていきます。

そのような環境下では、より短い時間で「自分は何者であるか」を他者とすり合わせ、「この組織のキーマンは誰で、自分の強みはどこに活かせるのか」を冷静に見抜く観察力が成功の確率を左右します。「何者であるか？」というのは会社名や肩書よりも具体的に何が専門領域なのかという点がより重要になります。「私はＢ to Ｃのデジタルマーケティングが専門です」「私はＢ to Ｂの法人営業と営業組織のマネジメントが専門です」という具合です。

会社名や肩書の前に、自分の専門領域を第三者に理解しやすい形で簡潔に説明できるようにしておくのです。「経験の引き寄せ」のためには、職場の状況認識が欠かせません。ＶＵＣＡの時代を生き抜く成長に資する経験を主体的に積んでいくためには、特にこの観察力を強化していく必要があります。

4 パターン認識力

不確実なこれからの時代、事業の成功は必ずしも「論理」だけで決まるものではありません。いつの時代も優れたリーダーは、成功と失敗の背後にある共通的な「パターン」(再現性のある法則)を見抜く能力と、そのスピードに長けています。

言い換えれば、一見するとバラバラに見える個別の事象を、抽象度を高めて観察し共通的な法則を見抜く力です。いわば、「直感」の領域になります。事業を形にしていく過程は、0→1を生み出すプロセスと、1→100に拡大していくプロセスに分かれます。

前述の「学びのアジリティ」に代表されるように、0→1のプロセスの重要度が高まっていることは言うまでもありません。一方、そこで生み出した「1」のアイデアに対して、再現性のあるパターンを構築できるか否かが、100まで拡大できるか否かの分かれ目でもあります。加えて言うならば、上位のポジションに上がると、性質の異なる複数の事業を横断的にマネジメントする必要性が出てきます。そうなると、自分の専門領域以外の事業も加わってくるでしょう。

こうしたときに、現場の情報を浴びるほど収集した上で、各事業の成否を分けるパターンを正しくかつスピーディに把握する能力は、意思決定の精度と速度を向上させます。この能力は、ＩＱなどの情報処理力に比較的近く、年齢が若くて学歴が高い人ほど有している傾向にあります。パターン認識の作業自体は、今後ＡＩが発達してくると、人間が全てを行う必要がなくなる領域の一つでもあります。

しかし、データはあくまでデータであり、データに基づいて意思決定することが人間の役割です。

コーン・フェリーのクライアント（サービス業界）で海外事業の本部長に就任されたＡさんという方がいらっしゃいました。Ａさんは自社の海外事業全体の事業毎・拠点毎の過去5年の売上・利益・人員の伸び率などのデータを詳細に確認し、全拠点に自らの足で通い、現地との意見交換を重ねて定量・定性のデータを徹底的に集めました。そして出した結論は「自前展開してきた全拠点を撤退し、買収拠点の成長支援に集中する」という大きな方向転換を行う内容でした。

Ａさんは海外展開の初期フェーズに自前展開した拠点がほぼすべての国で成長が頭打ちになっている点をデータで確認し、その共通原因が日本式のサービスの独自性が現地市場に適応していないという点と結論づけ、海外事業のリソースを現地適応している買収拠点の支援に集中させることで全体の成長を加速するという意思決定を行いました。

Ａさんは現地拠点に自ら赴く中で、自前展開拠点についてもそこで働く社員は懸命に努力をしている姿を実際に見ています。しかし、どの拠点も同じような課題に直面し、同じように成長が頭打ちになっていくデータ上の共通性から最後は「全体の成長」のための厳しい選択を行いました。

「個別の事象やデータから共通性を見出し、それに基づいて意思決定を下す」不透明さが増すVUCAの時代、パターン認識力は有効な意思決定の土台として全ビジネスパーソンに求められる条件といえるでしょう。

5 リーダーの役割を担う内発的動機

昨今の日本では複業や兼業などの、「個人の多様性や個性を複数の場所で活かすようなキャリア設計」を尊重する議論が広がっています。これは世界の中でも先進国を中心に見られる傾向です。米国やヨーロッパではより多くの人材がフリーランスや期間限定の雇用契約で、一つの企業に縛られない働き方のスタイルを望んでいます。

これから、日本でもこの傾向は確実に広がっていくでしょう。個人のキャリア（新卒から70歳まで働くとすれば約50年）よりも企業の平均寿命のほうが短くなった現代では、個人にとってある意味当然の防衛策と言えます。

ただし、これは「雇用される」個人としての最適解であり「雇用する側」のリーダーとして求められる条件はまた別です。不確実な時代で「0」から「1」の事業創造、また「1」から「100」の事業成長を成し遂げるには、リーダーシップをとるに当たっての強力な動機が求められることは言うまでもありません。その要素を分解すると以下のようになります。

1　昇進、権限、責任範囲の増加に対する志向性
2　自分の内発的動機とつながった明確なキャリア計画
3　多様な他者を通じて成果を出すという、リーダーとしての役割に対する志向性

一つ目の要素から説明していきます。このような上昇志向は若干古臭いと感じることもあるかもしれませんが、「なすべきことをなす」には世界共通で重要な要素です。日本的な表現をすれば〝出世が必要な意味〟と言い換えられます。特に若いビジネスパーソンに知っておいて頂きたいのが日本企業における出世とは綺麗事だけでは実現できない側面が大いにあるという実態です。

「昇進や昇格といった出世の基準は曖昧、不透明であるにも関わらず、役職は絶対的な力を持つ」というのが典型的な日本企業の権力構造です。基準が曖昧なだけに権力者への過度な忖度や場合によっては足の引っ張り合いのようなことも現実に起こりえます。このよ

うな構造の中で自分の影響力を世の中に発揮しようと思えば、清濁あわせ呑んで、上に立つ強い覚悟が必要になります。

そして、重要なのが2つ目です。これは「自分で意図を持って」キャリアの計画を作っていく意思の強さになります。実は昇進や昇格をして生き残っている人には、2つのタイプが存在します。

- 昇進、出世、権限の上昇「そのもの」を目的として生きてきたタイプ
- 社会の中で実現したいこと、理想の自分に近づくことを目的として結果的に出世してきたタイプ

どちらが根源的に強いリーダーかと言えば、もちろん後者です。近年のテレビドラマでは、官民問わず大組織の中で出世競争、権力争いを行うコンテンツが大ヒットを連発しています。これは、現在のテレビドラマのメイン視聴層である40代・50代（特に男性）のアイデンティティーの拠り所が、前者の「昇進、出世、権限」であったことを物語っています。

しかしながら、その大組織自体の寿命が縮まり、2020年以降の本格的な少子高齢化時代では日本国内の市場が縮小していき、上位ポストの数はむしろ減っていくと考えるのが妥当です。そのような時代の中で「昇進、出世」を目的とした争いは、足の引っ張り合

いを助長するだけで、日本全体の企業価値は上昇しません。

ＶＵＣＡの時代に求められているリーダーは、「０から１」と「１から１００」をチームで実現できる人材であり、「自分の内発的動機に基づいたキャリアを計画」（０→１）し、「その実現のために必要な権限や影響力を健全に獲得して行使する」（１→１００）という、強い動機が必要です。

３つ目は「多様な他者を通じて成果を出すこと」自体に対する動機です。大きなことを成し遂げるためには、何事も一人では行えません。必ず協力者や同志が必要になります。リーダーの役割というのは「人に動いてもらうことで成果を上げる」ことです。言い換えれば、「自分が直接手を下さない結果に対して責任を負う」ということでもあります。

ＶＵＣＡの時代には、リーダーが影響力を発揮する相手が社内外に広がり、多様性や複雑性を増します。大きなビジョンを語り、そのような役割を楽しめる動機を持った人間こそが、ＶＵＣＡの時代のリーダーとして活躍できるのです。

6　リーダーに適した性格特性

条件５でリーダーになる内発的な動機について触れましたが、本項ではＶＵＣＡの時代のリーダーに適した性格特性について述べていきたいと思います。性格特性はその人物が生まれつき持っているもの、また生まれてから数十年をかけて形成してきたパーソナリティのようなもので、その人物の「現在の思考・行動パターン」とも言えます。

当然ながら個人の思考・行動パターンは、仕事上の行動と結果にも影響を与えます。グローバルの人材マネジメントでは、人材の採用や登用の局面でこの性格特性を含めた上で、より精緻にアセスメントすることがトレンドになってきています。

日本では、新卒採用のときにＳＰＩを見て足切りの判断材料にするという程度の使われ方が一般的ですが、グローバルでは職務ごと、例えばデジタルマーケティングディレクターにはどのような性格特性を持った人間がふさわしいのかを、世界中の人材アセスメントデータをもとにして検討します。

変化の激しい時代では、デジタル領域の知見を深く持っていることよりも、一定のデジタル領域の知見をもとに「大局を見据えて攻めの姿勢で対応しようとする」という「思考・行動パターン（性格特性）」を有することのほうが、長期的なパフォーマンスに対する影響が大きいという考え方です。

性格特性は、生まれつきの先天的な要素と、生まれてからの経験で身につけた後天的な要素があります。先天的な要素は変化させるのが難しいですが、後天的な要素を形作るのは「経験」であり、特に「幅のある修羅場経験」が有効です。

図表3-3

VUCA時代のリーダーに適した性格特性

性格特性	内容
大局性	詳細に配慮することと、大局を見据えることとの間のバランス（詳細重視 vs 大局重視）
粘り強さ	困難があっても個人が重視する長期目標を断固として追求する傾向（長期目標執着 弱 vs 長期目標執着 強）
曖昧さの許容	不確かな、または混乱した状況に効果的に対処する能力（耐性 強 vs 耐性 弱）
積極性	自ら進んで責任を負い、リーダーとしての役割を担う度合い（リーダー傾向 vs フォロワー傾向）
前向きさ	リーダーがどの程度ポジティブな見解を持って行動するかの傾向（楽観的 vs 悲観的）

そのような経験を2〜3年積めば、大人になってからでも自分の動機と性格を時代に合わせた形に最適化していくことは十分に可能です。「役割が人を作る」とはまさにそれを指しており、「効果的な経験」を積むことで性格や動機に影響を与えることは可能なのです。

それでは、VUCAの時代のリーダーに適した性格特性について見ていきましょう。その要素は図表3-3にあげた5つに分けられます。この中でも特にトップエグゼクティブが共通して強く持っている要素が、「大局性」「曖昧さの許容」「積極性」の3つになります。つまり、この時代に成功しているリーダーは、より〝大局を見据え〟〝曖昧な状況の中でベストの情報を集め〟〝自らの責任で〟決断し実行していると言えます。

もちろん上位職である以上、企業としての社会的責任やコンプライアンスといった「守り」に対する配慮も重要です。しかし、「守り」の意思決定というのは、社会からの要請に適切に応えることが何より重要であるため、そこに過剰な個性や差別化はあまり必要なく、専門家に任せたほうが賢い場合が多くあります。

むしろ、ＶＵＣＡの時代のリーダーは霧がかかった不確実で曖昧な視界の中で、己の信念と直感に基づいて渡るべき橋を選び（曖昧さの許容）、橋を選んだ後は自らが進んでその橋への第一歩を踏み出し（積極性）、常により良い橋がないかを広くアンテナを張り巡らして探し続ける（大局性）人物であるべきです。

「情報革命で人々を幸せに」という経営理念（＝己の信念）をもとに自前・買収での事業拡大を繰り返し、時に圧倒的に高い大局性で自前の既存事業を破壊し得るような大型買収の意思決定を行い、グローバルに桁違いの価値を提供していくソフトバンクの孫正義氏のような人物がまさにＶＵＣＡの時代のリーダーの体現者と言えるでしょう。

7　自滅リスクを回避する力

さて、ここまでＶＵＣＡの時代のリーダーに必要な条件についてご紹介してきました。最後に一つ、逆説的な考え方にはなりますが、リーダーとして自滅してしまう典型的なリスクについても紹介しておきたいと思います。

言い換えると、周囲からの信頼を失い、失脚していくリーダーに多く見られる条件になります。著者が管理職のリーダーシップ開発プログラムで出会ったある企業の（当時）営業部長のAさんは自部門の業績が振るわなくなると〝見せしめ〟となるような部下を一名選び、その部下を営業会議のような公衆の面前で叱責し、1時間単位の業務報告を要求するような行為を繰り返しておりました。

非常に危ういタイプのリーダーでしたが、やはり半年後、〝明らかなパワハラ〟と人事部からの指摘を受け、部下なし管理職への降格処分を受けましたが、リーダーとして自滅していく方にも一定の共通項があります。何事も「成功の要因よりも失敗の要因のほうが共通性が高い」と言いますが、自滅する可能性の高い要素を把握しておくことも、成功するためには大事です。

平時は問題なくとも、強いプレッシャーがかかった場合に、以下の3つが典型的な自滅リスクになります。

1　感情の起伏が表に出すぎてしまう

2　細かいことが気になりすぎてマイクロマネジメントに陥ってしまう

3　他者のことが信用できなくなり、全て独断で物事を決めてしまう

ポイントは、平時ではなく〝強いプレッシャーがかかった場合に〟と限定されている点です。人は追い込まれたときに本性が出るとよく言われますが、リーダーとして重要な意思決定をするシーンというのは、まさに「追い込まれた」状況です。

そのような際に「冷静に」「大局を見据え」「周囲の意見も取り入れて」意思決定できるか否かが成否を大きく分けます。もちろん誰にでも多かれ少なかれこうしたリスクはあります。それゆえに、自分の自滅リスクが発生しやすいパターンを冷静に認識しておくことが、リーダーには重要になるということです。この自滅リスクは職場よりもプライベートな環境で見られることも大いにありますので、家族や恋人などから客観的な意見をもらっておくのも有効な手段の一つです。

第3章ではＶＵＣＡの時代に成長できる人の7つの条件について説明してきました。第4章では7つの条件に対応する形で具体的な事例を通して、これらの理解を深めるための思考・行動を紹介していきたいと思います。言い換えればここで紹介する思考・行動こそが7つの条件を高めていくノウハウになりますので、皆さん自身の明日からの行動変革にも役立てていただきたいと思います。

第４章

ＶＵＣＡの世界で生き抜く力を鍛える

「仕方がない」が潰す未来

Case 1

コンサバに考えることの罪

成長条件①学びのアジリティ

総合電機メーカーの営業企画部で課長を務めるAさん。Aさんは常日頃から自部門の営業戦略が旧態依然としていることで、本来の商品ポテンシャルを発揮できていないことに疑問を持っていた。Aさんは来期の計画の中に、新たな営業戦略を打ち出したいと考えており、その企画のために通常業務とは別に情報収集を進めている。

Aさんは、接点のある営業部とマーケティング部には営業の同行を依頼して、顧客からの情報収集を行った。購買部門、商品開発部門、生産部門に対しては月1回の全体会に同席させてもらって、その場で営業企画に関する意見を広く収集すると同時に、社内ネットワークの拡大も進めてきた。

中には当然ながら「何が目的だ?」と怪訝な顔でAさんを見る同僚もいたが、そこはうまく受け流す。Aさんは社内の情報を集めていくうちに、他社と自社のデジタルマーケティングに関する施策の規模感や洗練度合いに大きな乖離があることに気づく。

営業戦略の企画以前に、「そもそも自社にデジタルマーケティングの専門家がいないことが問題なのではないか？」という問題意識を持つようになり、部長に相談してみる。すると部長からは「そういえば社長の直轄組織にCDO（Chief Digital Officer）とかいう人が先月から入社しているらしいぞ。会ったことはないけど」と聞き、早速社内サイトから連絡先を獲得し、ダメもとで面会の依頼を直接してみた。

その後すぐにCDOのBさんから快諾の返事があり、早速二人はミーティングの機会を持つ。会社に入ったばかりのBさんからすれば、Aさんが草の根的に収集してきた情報はまさに喉から手が出るほど欲しかったものであり、二人は意気投合。二人の起案した新たなデジタルマーケティング戦略は、一定の既得権益の破壊を含む内容ではあったが、現場を熟知したAさんの丁寧な根回しと、最新のデジタルマーケティング戦略を知るBさんの変革による事業メリットの定量化によって、無事に役員会で承認された。

来期以降に新設組織での戦略実行が決まり、Aさんも部長補佐の役職で異動となった。

さて、このケースでは「『コンサバ（保守的）に考える』ことの罪」をイメージしやすい

ように「学びのアジリティが高く行動したAさん」の例を紹介しました。学びのアジリティが高い方は、典型的にAさんのような思考や動きをします。具体的には、以下のようなものです。

- 常日頃から「もっと良い営業戦略があるのでは？」という類の自分の会社・部署・仕事に対する仮説や好奇心のアンテナを社内外に張り巡らせている（与えられた業務をこなすのは仕事全体の70％程度だと思っている）
- 仮説ができたら深掘りや検証（例えば関係者へのヒアリングやデータ収集）に公式・非公式なルートを使って自ら動く
- 仮説を深掘り・検証していく段階で〝意義〟を伝えて人を巻き込む
- 自分の提案と上司（自部門）のメリットをどうつなげるかを具体化する
- ダメ出しを受けても「改善のための意見や情報」と捉えてさらに前に進む

皆さんはどうでしょうか？　どこかのプロセスで「仕方がない。自分にはできない」と諦めてしまい、通常業務に埋没してしまうと、当然ながら学びのアジリティを高める機会はほぼなくなります。「通常業務は70％の思考で期待値以上の成果を。残り30％の思考で改善や新しいアイデアを生み出す」それぐらいのバランスを〝自分で決めて〟実践していくとよいでしょう。

通常業務を期待値通りに完了することが評価される時代は終わりました。会社がそのことに気づいていないのであれば、皆さん自身が自分に対するルールを決めて実践していくことで学びのアジリティを高めていくのです。

また、第2章でお伝えした通り、「外に出る」ということは重要です。職場内や社内に活動の場を限定していると、視野は狭くなっていきます。セミナーなどで業界の先端を行く権威の話を聞く、異なる業界の人と意見交換を行う、趣味や複業を通して新たな視点を養うといった活動は大きな学びにつながります。「好奇心」を持って外に出ることで、仕事に新たな発想をもたらします。

学びのアジリティは、武道やスポーツに近いもので、頭でわかっていても反復練習を繰り返さなければ身につかず、その反復をするための意思は習慣の中からしか出てこないことを覚えておいて下さい。

Case 2

専門家になろうとしてはいけない？

成長条件②修羅場経験の幅

新卒で入社した、グローバルに展開する日本の製薬企業のMR（医薬情報担当者）として、東海地方の営業所に配属されて5年が経つCさん。MRとしては業務全体の流れも理解し、営業所の中でも安定した成績を残せる人材として自他ともに認められる存在になって活躍している。

一方、入社5年と言えば、大きな人事異動や転職に直面する時期。Cさんの〝意識の高い〟友人たちが、「営業やMRは今後市場価値が下がっていく職種。早く専門性の高い職種に移ったほうがよい」と騒ぎ立てる。

その1年後、Cさんは日本の大手広告代理店の香港事務所で、現地採用の営業担当として働いていた。Cさんが次のキャリアとして選択したのは「海外経験」であった。待遇は転職前のMR時代よりも下がったが、Cさんは現地でがむしゃらに働き、休日には積極的に中国や東南アジアの拠点にも旅行もかねて赴き、各国現地のメンバーとの交流を深めていった。

その活動力が認められて、1年後には本社からの駐在員の右腕として深圳営業所の立ち上げメンバーに抜擢された。オフィス物件の探索から現地交渉、備品の準備や現地での事務所登記、初期メンバーの採用活動、人事制度の設計など、管理業務も含めて様々な業務を経験し、見事に拠点立ち上げに貢献した。
深圳拠点での成功がきっかけとなり、同社は中国への本格展開を加速する。その後、Cさんはアジア事業を加速させつつある日本のスタートアップ企業に駐在員候補として転職し、いったんは日本に帰国。その2年後、予定通り海外赴任が決まり、現在はシンガポールで拠点責任者として、アジア圏における市場拡大の指揮を35歳の若さでとっている。

さて、このケースではVUCAの時代に求められる修羅場経験の幅を獲得したCさんの思考・行動事例を取り上げました。具体的には、以下の通りです。

- 現在の会社の延長線上〝ではない〟会社の外の機会についても主体的に情報収集する
- 修羅場経験の機会には社内外問わず積極的に挑戦する
- 目的のない資格や知識取得に逃げない
- 〝できる〟〝できない〟を考えすぎず、機会があればまずは手を挙げて失敗も含めた経験

を蓄積する

これまでの時代は、会社に自分の職業人生を預けていれば、会社が面倒を見てくれました。しかし、そうした時代は既に終わっているという危機感を持っている人だけが、VUCAの時代を生き抜いていけます。

もし、あなたが「毎日の仕事の内容や責任範囲が2年前と変わっていない」と感じるようであれば、年齢や職種を問わず、自分のキャリア計画を見直したほうがよいかもしれません。無闇に転職を勧めるわけではありませんが、海外では転職経験がない人は「環境適応力が未知数で、実績についても会社の力か本人の力かの判別がつかない」「自分の人生の選択を会社に委ねてきた人」と見られる傾向があります。

雇用の流動性が高まる日本でも、今後は確実にそのような風潮が高まっていくでしょう。一概にパターン化はできませんが、新卒入社した会社で結果を出して20代後半で1回転職し、30代で小さな組織のマネジメント経験をして1〜2回の転職をし、40歳になった時には2〜3社の経験があり、環境が異なる各々の会社で「このように環境に適応してこのような成果を出してきた」と語れる人材が、今後その活躍の場を増やしていくことでしょう。

プロ経営者と称されるサントリーホールディングス代表取締役社長の新浪剛史氏やカルビー元代表取締役会長の松本晃氏などをイメージするとわかりやすいかもしれません。経験の種類は似ていても、一つの大きな会社の中での人事異動と転職は以下の点が異なります。

- 人事異動は最終的には会社の意思、転職は本人の意思
- 複数社での成功実績は一社での成功実績よりも再現性が高い

もちろん、一社の中で実績を上げて優良な経験を積み重ねていくケースもあります。現在勤めている会社で、「経験を引き寄せる」のも優れたキャリア戦略の一つです。「経験の引き寄せ」によって、望ましい経験を積む可能性は確かに高まります。しかし、力を尽くしてもなお、最終的には会社の意思決定に委ねられます。その意思決定には人員の都合やタイミング、実権者との相性など、実力以外の要素が多分に絡みます。

特に大手日本企業に勤めている方は、今現在の処遇が良いからといって、自分の人生を預けて大丈夫なのかをしっかりと考える必要があります。一般的に、大手日本企業は、そこでしか体験できない良い経験を積む機会がある一方で、組織の事情で個人のキャリアの希望が通りにくい側面があります。

そのような場合に事例のCさんのように「足元の処遇を下げてでも、将来につながるより大きな経験を自ら獲得しにいく」という視点を持つことが重要になります。特に大企業

に勤めている方は現在の給料が実際の個人の経験よりも会社のブランドにより〝上振れ〟ている、つまり実力以上の給料をもらっている可能性もあります。自分の本来の給料相場を確かめてみたい方は自社ではなく外部の情報を収集するとよいでしょう。

より具体的には転職エージェントに登録し、「これまでの自分の経験を活かせる類似職種の求人を広く紹介してください」と要望を伝え、そこで紹介される求人の給与と自分の給与を比較してみてください。転職エージェントに開示されている求人の給与は優秀な人材を引きつけるために多少実態よりも上振れていることが通常です。もし、そこから得られる給与相場が現在の給与と同等もしくは下回っている場合には現在の給与が個人の経験より上振れているということになります。

給料の良し悪しに関わらず、現在の仕事が成長実感を伴わない業務で埋められている方は、黄色信号だと思ってください。

まずは、社内の仕事の機会に〝自分から手を挙げる〟ことで経験を引き寄せる行動を始めていくとよいでしょう。そして、それでも自身のキャリアが前進していないと感じるのであれば、転職も有力な選択肢として考えてみてください。

Case 3

自分の評判を意図的に作る

成長条件③客観的認識力

急成長している業務アウトソーシング会社で、事業企画部の主任として働いていた31歳のDさん。会社の目玉の一つで、問い合わせ対応業務のアウトソーシングの受け皿として抱えていたコールセンター部署を、自社サービスのマーケティングも含めた新たなマーケティング・インサイドセールス部署へ変革するというものがあった。

Dさんは、この変革ミッション込みで、新部署の課長として抜擢された。新しい上司である部長からは「Dさんの冷静な分析力と実行力、これまでの事業企画での実績をもって、迅速な変革を行ってほしい」と期待されている。

Dさんは自分を本ポジションに推薦してくれた以前の上司、また学生時代からの仲である妻からのアドバイスに従って、課長就任から1カ月間、コールセンターのオペレーションスタッフも含めた20名の部下全員と、1 on 1※を丁寧に行った。1 on 1では以下の3点を徹底した。

※ 上司と部下が1対1で行うミーティングのこと。個人のキャリア開発やプライベートなど、複数人で行うミーティングでは話しづらい内容の共有を通して上司・部下の信頼関係を強める効果がある

・現場で困っていること、サポートしてほしいことをとにかく〝聞く〟
・自分のプライベートも含め、これまでの歴史を失敗談も交えて積極的に開示する
・経営層から自分に期待されていることの〝意味〟を丁寧に伝える

このプロセスを通して、「新しい課長は人間味があり、現場の声を率直に聞いてくれる」という認知を部下の間で作り上げていった。

その1カ月後、Dさんは具体的な変革プランの詳細をメンバー全員の前で発表する。配置転換や短期的な業務の縮小など、一定の「身を切る内容」も含まれていたが、Dさんの丁寧な説明とその後の双方向のコミュニケーションによって、メンバーは高いモチベーションを維持しながら、組織の転換に前向きに取り組んだ。

1年後には、見事に全社の売り上げ向上を担う重要部署へと変革を実現した。課長就任時に、前の上司からは「君の分析力と実行力は素晴らしい。しかし、正論に固執するあまり周囲の感情をないがしろにするところがあるので、そこは要注意」と指摘された。

妻からは「花形部署である事業企画部から新しい上司が来るなんて聞いたら、コールセンターの人たち、萎縮すると思うよ。そもそも話し方が年の割に偉そうなんだから〝上から〟いったら絶対失敗するよ」と言われていた。

Dさんは自分の強みである分析力や実行力が、前の上司だけでなく今の上司にも評判として形成されているのを確認した上で、弱みである対人関係力をメンバー全員に対する1on1という形で補完した。メンバーには「人間味のある話のわかる課長」という評判を意図的に形成した後に自分の強みを存分に発揮した。

さて、このケースではVUCAの時代に大事な客観的認識力を発揮する事例を取り上げました。Dさんは以下の認識を客観的な情報から確認して、自分のアクションに活かしています。

【自己認識】

- 強み：分析力と実行力（前の上司から今の上司へ伝達済み）
- 弱み：対人関係力（前の上司、妻という異なる二者から同一の意見）

【状況認識】

- 「事業企画部から来た新上司」という、新しい部下から見た場合の距離感（妻の意見）

もし、他者からの意見やフィードバックを活かさず、Dさんが最初から強みの分析力を全面に押し出してメンバーとコミュニケーションをとっていたらどうなっていたでしょうか？　恐らく多くのメンバーは〝萎縮〟してしまい、誰も本音をDさんにこぼさず、結果的にDさんの「一人相撲」になっていた可能性が非常に高いでしょう。

特に他者からのフィードバックは「表面に顕在している情報」ですので、対人関係の傾向や癖を顕著に表します。この種の情報を収集し、自分の行動を意識的に変えていくことこそ、変化が速いVUCAの時代には必要なのです。具体的には以下の通りです。

- 他者からのフィードバック情報を積極的に集めている
- 評価や査定の結果を上司から聞く際に結果だけでなく、自分に対する周囲の認識についても率直に聞くようにしている
- 「頑張っていれば、あえて言わなくとも見てくれるはず」という思い込みを持たず、自分の努力や成果を正当に周りに伝えている
- 自分の強みを現組織（＝環境）で〝どのように〟活かすのがよいかを模索している

自分の市場価値を作るのは自分ですが、評価するのは他者です。「どれだけ良い商品でも相手に伝わらなければ売れない」のと同じように、皆さんの価値を〝伝える努力〟まで求められる時代なのです。皆さんが部下の場合はより重要です。最近では上司もプレイング

マネージャーとなって業務に追われてることも多く、実際は一人ひとりの部下にまで目が行き届いていないのです。そのような状況の中で部下の立場から上司に自分の価値を伝えるために有効な方法は「自部門の業績向上にさらに貢献するために自分の行動改善についてアドバイスをいただきたい」という大義名分を理由に、定期的な1対1のミーティング機会を作り出していくことです。上司も心の片隅では、部下の育成にまで手が届いていないことを認識していますからこの手の申し出は断れません。

また、この行動自体が〝向上意欲の表れ〟と受けとられて好印象を与えます。そのミーティングの中で、上司の自分に対する強み、弱みの認識を理解し、それに対する改善行動を行い、その改善度合いについてまた上司とすり合わせを行っていくのです。自己中心的にはならないように「私の成長のため」ではなく「自部門の業績向上のため」という上司と共通の大義名分を目的とすることがポイントです。〝会社に対する貢献意欲があり〟、〝向上意欲の強い人材〟という評判は是非とも部下のうちに作っておきたい内容です。

まずは第一歩として親しい同僚や上司と話す際に「自分って職場の皆さんからどんな人間に見えていますか？」というような相手が答えやすいオープンな質問で情報収集を始めるとよいでしょう。

Case 4

「木を見て森を見ず」が招く結末

成長条件④パターン認識力

日本を代表する電機メーカーで、シンガポールの地域統括拠点に身を置く35歳のEさん。そこでは、営業役員の右腕として、アジア地域における家電の販売戦略立案を担っている。Eさんは新卒でコンサルティング会社に入社し、現在の電機メーカーには28歳で転職。持ち前の戦略企画力と数値管理力を買われて、去年からシンガポールに駐在している。

Eさんは商品ごと×国ごとで販売戦略を企画し、詳細なKPIを設定。各国社長の協力のもと、キャンペーンも含めた販売戦略を積極的に推進し、緻密なKPI管理を行っていった。しかし、なかなか売り上げ向上につながらない。商品の機能そのものが競合に劣位している可能性を検証するため、ユーザーアンケートを行い、自社商品の満足度を検証したが、大きな差異はない。むしろ品質や機能面ではポジティブな要素が多かった。

価格については中国と台湾メーカーに比べれば劣っていたが、そこはある程度織り込み済みで、直接的な競合となる韓国勢にはそこまで劣っていなかった。Eさんはマーケティングと営業活動にさらなるテコ入れをするため、各国の営業組織へ日本からの駐在員の増員も行い、さらに細かいKPI分析と改善活動を実施した。国別の状況を比較した情報を共有しながら、内部での競争心もあおりつつ施策を推進。

その結果、各KPI単位での上下変動は見られたが、最終結果である売り上げ増には結びつかず、現場には疲弊感が増してきていた。売り上げの伸びが見られない中で、高コストの駐在員が増加したことにより、全体の収益率は下がる一方。日本人で占められた上位陣に嫌気が差して、現地の優秀な人材が離職するという悪循環に陥っていた。

一方、韓国のライバル勢はアジア各国の著名人や芸能人を積極的に起用した大胆なブランディング、デジタルプラットフォームをフル活用した店舗を介さない販売チャネルの構築によって売り上げを伸ばし、その差はさらに開いていた。水面下で調査をしてみると、競合の韓国勢は数年前にP&Gやジョンソン&ジョンソンなどのグローバルな消費財企業から、デジタルマーケティングの専門人材をチームごと引き抜いていた。

国土のインフラ整備が遅れているアジアでは、ネットの爆発的な普及によって、家電も店頭販売を飛び越してネット販売が主流になるという大きな潮流を掴んでいたのだ。そこで、当時BtoC分野において最先端のデジタルマーケティングを行っていたグローバルな消費財企業からチームを引っ張り、圧倒的な売り上げ増につなげていた。

さて、今回のケースでは日本人にありがちな、勝負の成否を分ける上位の本質を見誤り、目の前の局地戦に全リソースを投入し、結果敗北するという例を取り上げました。Eさんの行った一連のアクションは、一つひとつをとれば間違ってはいません。これは、多くの日本企業にとって典型的な事例と言えるでしょう。

多くの日本企業がこのやり方でグローバル競争に負けているのも事実です。それにより、0→1の事業創造だけでなく、1→100の事業成長に必要な「成功パターンを見抜く」点でも劣勢に立たされてしまっています。

Eさんの例でも、既に事業としては成り立っていたわけですので、0→1の局面は越えています。また韓国勢が圧倒的に伸びていることも事実として把握していたため、100のマーケットが存在することもわかっていました。

そうであれば、「なぜ同じような商品を扱っているのに、これほど伸びに差が出ているのか？　営業努力とは別の次元で成功パターンがあるのではないか？」というところまで抽象度を上げて思考できていれば、アジア各国のインフラ面での違い（ネットの急速な発展と物理的に弱い販売・物流インフラ）に着目した成功パターン構築ができたのかもしれません。

我々日本人は、パターン認識能力自体が劣っているわけではありませんが、真面目な性格と製造業を中心とした現場各論重視の企業体質が高度経済成長時代の成功パターンとして数十年に渡り続いてきたために、特に一般社員は成功パターンの抽象度を思いきって上げることを仕事の中で必要とされなくなってしまいました。

この企業体質を時代に合わせた形で変化させられなかったことが、過去20年で、大きな企業価値の向上が実現できなかった一つの要因でもあります。VUCAの時代に必要なパターン認識能力を伸ばす経験として下記の要素があげられます。

- 個人、組織、会社単位で、事業が成功しているパターンと失敗しているパターンを定量と定性データから見出し、言語化する癖をつける
- 他者の成功パターンを学び、自分の仕事に適用して成果を向上させる実経験を積む
- 事業がうまくいっていない場合には、より抽象度の高い上位の成否を分けるパターンの存在を考える
- 特に20代・30代のうちは、自ら大量の市場データや事業データを加工して分析し、そこから成功と失敗パターンを帰納的に見出す機会を作る
- 変化の激しいVUCAの時代には、情報がとりにくい会社〝外〟の要因で成否が決まるパターンが多いことを認識し、常に仮説構築のための情報収集に出かけるフットワークの軽さを持つ

成功パターンを見出すには、「直感」を磨いていくことが欠かせません。「直感」は、ある日突然湧いてくるものではありません。多くの成功例・失敗例を知り、自分の中に取り込み、その成否の要因を考え抜き、その上で成否を分けるパターンを体得していくのです。成功・失敗の事例を知るだけでなく、その成否を「論理」立てて整理していくことで養われます。例えば、自身が所属する組織を題材にして、成否の理由を解明していくことなどが有効です。コーン・フェリーがリーダーシップ開発のご支援をしている製薬会社で、営業担当（ＭＲ）の方のなかにこれを実践している方が居ました。その方は、営業所の担当圏にある医療施設の地図を張り出し、３色（青・黄・赤）のピンで色分けをしました。ピンの色分けは、それぞれの顧客との取引状況を示し、青は良好、黄は要注意、赤は不良という意味合いです。そして、ポストイットで成功・失敗要因を書き出したのです。「新薬の効果がうまく伝わっている」「医師だけでなく看護師長やスタッフと良好な関係を築いている」「新しい先生とうまく関係を構築できていない」などです。これらの原因究明を通じて、どの施設にどのようなアプローチを取るべきかが見えてきたため、実践してみたところ、成功・失敗の要因が更に深掘りされたそうです。

「論理」を磨くとは、ある事象に対して、理由づけをしていくことに他なりません。この理由づけを習慣づけていると、パターンがみえてくるため、「直感」が利くのです。

著者も、商社で数多くのビジネスを経験したある企業のトップと次世代経営幹部の事業提案をレビューする機会がありましたが、初見の提案にもかかわらず的確にその事業の将来性とリスクをズバッと指摘する姿に驚かされました。話を聞いてみると、携わった事業の経験が多いこともさることながら、その全ての経験において成否の理由を「論理」立てて整理していたのです。その積み重ねにより、提案を聞いた瞬間にある程度の成否が予測できる「直感」を身につけたそうです。「直感」と「論理」、その2つを兼ね備えている人材がVUCAの時代には重宝されます。

日々の業務の中で定量・定性データに積極的に触れながら、その成功要因や失敗要因を「論理」で説明するような訓練をするとよいでしょう。

前述の製薬会社の営業担当（MR）の方のように、自身あるいは所属する組織の実績などをもとに要因分析をしてみるのは、一つの方法です。また、自分の考えを紙に書き出して、整理することも有効な方法です。コンサルタントは、パワーポイントを使って資料を作成していきますが、資料に落とし込むというのは「論理」を整理することでもあります。意外に思われるかもしれませんが、コンサルタントは、若手の頃は「いきなりパワーポイントで資料を作るな」と教えられるものです。きちんと「論理」が整理されないまま、資料を作ると大抵、わかりにくい資料ができるため、手書きでメッセージや根拠を整理することが徹底的に叩き込まれます。

コーン・フェリーで顧客企業のリーダー候補の方にコーチングをする際、「論理」を鍛えることを助言することもあります。そのときは、私たち自身の思考訓練法ですが、自己の主張を紙に書き出して、数値的裏付けや他者意見などを補足情報として整理する方法をお勧めしています。

また、上司や同僚にその紙を見せることで、論理の飛躍や整合性についてフィードバックをもらうことを推奨しています。このようなプロセスを取ることで、「論理」を鍛えることは容易ですので、ＶＵＣＡの時代を生き抜くビジネスパーソンには是非試していただきたい方法です。

Case 5

出世欲は悪ではない

成長条件⑤リーダーの役割を担う内発的動機

学生時代の世界一周バックパック旅の経験から、「将来的に世界に役立つ人材になりたい」という大きな方向性を実現するため、総合商社に入社して15年が経過したFさん。幸いにも、これまでに米国と中国で駐在経験をし、日本本社に戻ってきて中東への投資業務を行う部門の課長をしていた。

Fさんは海外駐在の間、あまり日本人同士だけで群れることはせず、積極的に現地社員や現地コミュニティの中に入っていって様々な経験を積んだ。特に中国では「中国のシリコンバレー」と呼ばれる深圳での業務機会も多かったことから、粗削りながら圧倒的なスピード感で国と共に事業成長していく現地の様子を目の当たりにし、日本の現状、また総合商社の今後のあり方にも強い危機感を覚えた。

Fさんは、現地で数々の経営者や技術者と接点を持つうちに「技術のない自分が世の中に役立つ事業を行うには経営者になるしかない」と、向かうべき方向性が明確になったという。日本に帰国した後、ことあるごとに人事部に対して「小さくても、赤字でもいいので海外の子会社や出資先に経営陣として行ける機会があれば、ぜひ立候補させてほしい」と嘆願していた。

これまで海外に駐在したときはあくまで担当者であったため、やはり現地経営そのものに携わらなければ、十分な影響力や迫力がないと考えてのことだ。また、一切の望みが叶わない場合には、転職も視野に入れて活動していた。2年間の国内での勤務後、Fさんは新たな出資先の経営陣の一人として中東に赴任し、現在は現地で陣頭指揮をとっている。


今回のケースでは、総合商社でグローバルな経営人材に向けてのキャリアを積み上げているFさんの例を紹介しました。近年の若者が重視するワークライフバランス的な考え方とは対極にあるような事例ですが、実はFさんのような上昇志向、出世志向はVUCAの時代には非常に重要な要素です。

日本ではワークライフバランスが「仕事を減らして残業を減らして余暇を過ごす」というような仕事自体の重要度や注ぐエネルギーを下げるような文脈で語られていますが、本来は「テクノロジー活用による地理的な制限の排除や作業効率・コミュニケーションの向上で新たな時間を創出する」というのが世界のスタンダードで、仕事の重要度や注ぐエネルギー量は変わっていないのです。

特にFさんのように、自分の経験から学びや気づきを得て、次のキャリアの方向性を自ら明確に決め、能動的に社内外の機会を獲得しようと動くことが大切です。総合商社のような日本の大企業に新卒で入社すると、あたかも今後のキャリアのレールが敷かれているような錯覚に陥りますが、これまでも述べてきた通り、そのような年功序列型のキャリアレールは既に破綻しています。

そしてそのことを明示的、暗黙的に伝えられるのは40代後半です。40代後半までは既に定型的な仕事やポジションが社内にあるので、皆さんの希望とはあまり関係のない「順番」で仕事が回ってくるでしょう。しかし40代後半になり、業務の処理能力が落ちてきた段階では明確に「経営陣」と「それ以外」に区別されます。

そして、「それ以外」に大別されてしまった場合には、残念ながらその後は大きな仕事やポジションが回ってくることはありません。その時になって慌ててキャリア設計を始めても時既に遅し……というのが現実であり、会社にしがみつくしかなくなります。そうなる前にしておくべきことは、「自分のキャリア計画を常に更新し続ける」ことです。

現在のような不確実な時代では、5年先や10年先までのキャリア計画を作ることは難しいでしょう。ただ、「自分はどんな仕事に意義やモチベーションを感じ、どうしたらそのような仕事に専念できる環境を作っていけるのか」を常に戦略的に考えることはできるはずです。ここを会社任せにしてはいけません。VUCAの時代に必要なキャリア観を身につける行動として下記の要素があげられます。

- 目の前にある仕事に全力投球し、自分が内発的に意義やモチベーションを感じる仕事のヒントを探る
- 自分が意義やモチベーションを感じる仕事で、より影響力のある上位の役割に挑戦する
- 社会や他者に対する貢献といった、利他的な観点をベースに「ありたい姿」を設定し、その実現に向けて必要なリソースを獲得するための主張は堂々と行う
- 社内の機会を優先的に探すが、一生分の機会が一社にあるほうが稀。社外の機会に対する情報収集も怠らない

よく若い方を中心に「やりたいことがわからない」という悩みを聞きますが、「自分は何をすることで世の中に貢献したいのか」という問いを設定し、目標の対象を〝社会や他者〟にして考えると最初の一歩が踏み出せるかもしれません。

著者も新卒でコンサル業界に入り、多くの過酷なプロジェクトで揉まれ、鍛えられましたが、プロジェクトの結果としての業務効率化やコスト削減という成果に段々と意味を見いだせなくなり大いに悩みました。その際に尊敬する知人から「仕事でちゃんと成果が出ているんだったら、尚更もっと世の中に直接的に役立つことをやったらどうだ？」と言わ

れ目から鱗が落ちました。

目の前の仕事の成果と自分の充実度の間にある違和感を丁寧に紐解いていった結果、人や組織といった人間活動の本質に役立つことをしたいという〝幹〟に辿り着き、それは次の一歩を踏み出す原動力となり、現在の自分にもつながっています。

Case 6

曖昧な状況をリーダーが楽しむ

成長条件⑥リーダーに適した性格特性

飲料メーカーの新商品企画部に、マネージャーとして中途で入社して10カ月が経ったGさん34歳。新卒から年上まで5人の部下や、上司も含めた関連部門との関係性もしっかりと構築し、来年度の新商品企画をまとめるプロジェクトのリーダーを務めている。

中途で競合の外資系飲料メーカーから入社したGさんは、自社の商品ラインアップが炭酸飲料やスポーツドリンクといった若年層をターゲットにした商品に偏っていると感じていた。ところがチームの会議はいつも、「競合の炭酸飲料よりも目立つパッケージのデザインとは？」「スポーツドリンクの清涼感をさらに増すための新しい香料の配合とは？」という議論ばかりがなされている状況だった。

Gさんはそこで1泊2日の商品企画合宿を企画し、以下のような問いを部下に投げかけた。

- 日本の人口構成で、これから一番増えていく年齢層と減っていく年齢層は？
- 皆さん自身は炭酸飲料やスポーツドリンクを飲む機会が昔と比べて減ったか、増えたか？　変化している場合、それはなぜか？

- 私たちは本当に今の市場だけで戦っていてよいのか？　そこに納得感はあるのか？
- 「飲み物」「食べ物」というくくりの中で、最近の世の中のトレンドは何で、どのような商品が売れているのか？
- どうして我々はそのような商品を作れないのか？

「正直、自分自身は炭酸飲料やスポーツドリンクを飲む機会が減りました。代わりにペットボトルサイズのカフェオレや、アッサムティーなどの紅茶バリエーションの飲料を飲んでいます。でも、それらはうちの商品ラインアップにはありません」

「今後、増えていく年齢層は当然ながら高齢者です。でも、うちの製品広告はスポーツ選手や若手俳優ばかりとタイアップして、その層には全く訴求できていないと思います」

「新商品企画部の仕事は既存商品の改善であり、本音のところでは誰も全く新しい商品を作ろうとは思っていませんし、期待もされていません」

部下からは、以上のような率直な意見とともに、本当は自分たちも時代のトレンドに合った、人々に求められる商品を企画したい、という思いを強く感じた。

Gさんは合宿後、新商品企画部長、担当役員へ合宿の議論の結果を共有するとともに、次年度からの新商品企画は「既存商品の改善企画が70%、新たなコンセプトを織り込んだ挑戦的な商品企画を30％」にさせてほしいと申し入れて、承諾を得た。

また、前者の改善企画は、これまで通りの完成度や品質を基準とした「100点」を役員会での承認条件とし、後者の挑戦的な商品企画は「70点」を承認条件とすること、挑戦的企画では多くの裁量を自分に与えてほしいと申し出を行い、同意を引き出した。

その後、Gさんはチームメンバーに対して、「今年の30％分は新商品の企画を出すことを役員と約束した！　さあ、みんなこの間の合宿のアイデアをどんどん形にしてくれ。責任は私がとる！」とハッパをかけ、プロジェクトは俄然勢いに乗る。

Gさんは広報部にも働きかけ「挑戦商品」に対する社員アンケートも行い、さらに推進力は増していった。既存の改善商品と挑戦商品という2つの対極の概念を持つことで、チーム内の議論もより活発化し、既存商品の改善が進むとともに、成功も失敗も含めたいくつかの挑戦商品が世に出たことで、Gさんの会社の社風に変化が起き始めている。

このケースではＶＵＣＡの時代のリーダー特性、「大局性」「曖昧さの許容」「積極性」を存分に発揮したGさんの例を取り上げました。具体的には以下のような思考・行動になります。

- 人口構成の変化、グローバル化、テクノロジーの進展といったＶＵＣＡの時代に押さえておくべき大局的なトレンドと、それらが自社に与える脅威を見据えており、過去ではなく未来に視点を置いている（＝大局性）
- 昭和的な１００点主義や減点主義ではなく、挑戦そのものへの奨励や結果に対する責任を自分でとる宣言を行うことで、メンバーがアイデアを出しやすい環境づくりを行っている（＝曖昧さの許容）
- 管理ではなく、新たな価値を生み出すためにチームや社内を巻き込んで動かして成果を出していくことが仕事だと思っている（＝積極性）

残念ながら多くの日本企業において、とりわけ１００点主義と減点主義は根深く残っています。これは現在の受験制度を見ても明らかです。しかし、与えられた問いに対して処理能力や知識をフルに活用して正解を出すという能力は、ＶＵＣＡの時代においては全く価値を生み出しません。

なぜなら、正解自体が変化するからです。この時代、リーダーに求められるのは「管理」ではなく、「スピード感のある仮説検証」なのです。大局的な視野を持って、自社が対峙する市場と顧客に対して価値を提供できる大胆な仮説を設定し、考えに考え抜いた上で70点まで磨き上げる。最後の30点は「やってみないとわからない」と腹をくくり、「失敗したら自分の責任、またそこから学んでいけばいいだけです。だからみんなもどんどん協力してほしい」という前向きな積極性で周囲を巻き込んで動いていくことが必要です。

実行してみた結果を、冷静にデータで分析し、一歩も二歩も進化した次の仮説を検証し、価値が出るまでしぶとく、高速に進めていく。これこそが、VUCA時代のリーダー特性です。「そんな動き方は上司が認めてくれない」と嘆く方もいるかもしれません。

しかし、この特性は世界中で実際に活躍しているリーダーが有するもので、多くの日本企業は、こうした特性を有するリーダーを渇望しています。世界という競争の中で生き抜く人材になるため、ぜひとも実践で磨いてほしい特性です。

具体的にはリーダーの皆さん自身が「挑戦の総量を増やす」とよいでしょう。第2章で触れましたが、「たくさん試す」ことが、VUCAの時代では大切になります。

これだけ変化の激しい市場では当初の見込みとは違った形で成功した・失敗したという事態が多発することを前提として組み込む必要があります。そのためにはこれまでのように検討に検討を重ねた新商品を1つ出すというやり方ではなく、検討プロセス自体を10分の1に短縮し、10個の新商品を出してみるという方向性にシフトするのです。

コーン・フェリーが支援したプロジェクトの一つに、ある飲料メーカーでヒットを出した組織の秘密を探るというものがありました。かつて大ヒットを連発した伝説の企画チームのリーダーに話を聞いてみると、現在とは「圧倒的に打席に立った数が違う」ということが浮かび上がってきました。

かつては、「何だこれは」という実験的な製品も出すことができ、多くのメンバーが様々な製品の企画を手掛け、多くの失敗を経験したそうです。その多くの失敗の中から試行錯誤の末、ヒットが生まれたのです。会社が成長するに従い、投資規模が大きくなり、「失敗が許されない」状況が生まれ、自然と打席は減っていったそうです。しかし、テクノロジーの進化により、「素早く、小さく、試してみる」ことが可能になってきました。「絶対に成功させる」ことを狙い、入念な市場調査と分析を経て成功確率を上げる時代は終わりました。

不確実で変化する市場に対し、たくさんの新商品という「問い」を素早く、小さく投げかけてみて、その中で成功につながる勝ち筋をいち早く見出すことがＶＵＣＡの時代には求められます。そのために、リーダーは曖昧な状況を誰よりも楽しむメンタリティーを有する必要があるのです。

Case 7

駐在員との〝溝〟は埋められるのか

成長条件⑦自滅リスクを回避する力

コンサルティング会社から、大手情報サービス業に経営企画兼M＆A担当として中途入社して5年が経つHさん36歳。今回、5年前に買収したフランスの50人程度の子会社（X社）トップとして現地駐在する機会を得て、半年が経過した。

X社は優良な商品力を有するものの、マーケティングと営業が弱く、買収後に営業系の組織から駐在員を派遣するも業績は上向かず、赤字状態が続いていた。Hさんは赴任後しばらくして、X社の営業活動の過剰な「日本化」に違和感を覚える。細かな数値管理、報告資料、社内会議など、日本と同じような営業形式がこれまでの駐在員によって日本から〝移植〟されていたが、現地の営業マネージャーや担当者は完全に冷ややかな目で見ていた。

また、彼らと本社からの指示に右往左往する歴代の駐在員との間には、明らかな〝溝〟があった。Hさんは現地スタッフたちとの関係構築に最大限の時間投資を行い、幾度となく議論を重ねた。自分の足で収集した情報から、Hさんは以下の方針を打ち出す。

・微細なプロセス管理、数値管理、報告用の社内会議は全て廃止
・営業担当のボーナスは四半期ごとの売り上げ実績に直接連動。年次評価は基本給と昇格には使うものの、ボーナスは完全に実績で決める
・信頼の置ける3人の営業マネージャーに、採用権を含めた権限を大幅に委譲。Hさんと3人のマネージャーは、オープンで双方向のミーティングや食事会を高頻度で定期化

Hさんは全社員に対してこう述べた。

「フランスの市場と顧客のことを誰よりも知っているのは皆さんだ。顧客へ価値を提供することに、皆さんのアイデアと時間を最大限使ってほしい。それを阻害する中途半端な管理や報告は全て廃止する。また実績を上げた際には、それに対して透明かつ直接的に報酬で報いる。私は皆さんとマネージャーを全面的に信頼するし、成功を共有するパートナーだとも思っている。私の時間や本社のリソースをうまく使えるアイデアがあれば、いつでも議論をしたい」。

本社から求められていた報告事項については、自分がもともと所属していた経営企画部の部長に対して簡素化することを提案して承認を得る。それでも、本社からは細かな資料を要求されることはあったが、状況を丁寧に説明し続ける。

細かな管理業務から解放され、実績を出せばダイレクトに自分の報酬につながる施策は、現地の営業担当の意欲を強く刺激し、目に見えて営業の質と量が向上していった。また、マネージャーに権限が渡されたことで、より市場に近いところで営業戦略をスピーディに実行できるようになった。半年間の改革プランの後、X社全体の業績は急激に向上し、赤字体質を脱却。現在も成長を続けている。

このケースでは、海外の赤字子会社のターンアラウンドという非常にプレッシャーのかかる局面で、見事に改革を成し遂げたHさんの事例を紹介しました。Hさん以前の営業出身の駐在員は、日本でのノウハウが通用しないことに焦りを覚えて、第3章で紹介した〝自滅リスク〟が以下のような形で顕在化していました。

- 本社からの指示に右往左往し、その様子が部下にも見えてしまっている（＝感情の起伏）
- 本社への〝説明責任〟（＝ある意味の言い訳）のために、過剰なプロセス管理に陥る（＝マイクロマネジメント）
- 現地のメンバーが信頼できず自分だけで判断してしまい、的が外れていく（＝独断）

思ったような業績や結果が出ないときは、誰にでもあります。そのときに「自滅」につながりやすい行動を理解していれば、意図を持って望ましい行動をとることができます。加えて、傷口を最小化した上で、実行している打ち手の効果が表れるまでの時間を確保することができます。プレッシャーがかかったときこそ腹をくくって、鷹揚に構え、的確に自滅を回避する行動をとることが重要です。

周囲から「瞬間湯沸かし器」というニックネームをつけられている人がいますが、得てして優秀な人こそ、この傾向に陥りがちです。自分の能力が高いからこそ、周囲が自分ほどにできないことに苛立ちを感じます。しかし、これを放置していると、キャリア上の大きなリスクになりかねません。

あるベンチャー企業のトップは、起業時にうまくいかないことが多くあり、周囲を叱りつけていたら、社員が軒並み退職してしまい、会社の存続そのものが危うくなったそうです。

その方は、「①頭にきても怒鳴らない　②感謝の気持ちを持つ　③社員の貢献があってこその会社」という言葉を毛筆で半紙に書き、目につくところに張り出したそうです。そして、頭に血がのぼったときにも、その言葉を見て、心を落ち着かせたそうです。今では、かつての「瞬間湯沸かし器」の片鱗はなく、社員から信頼される素晴らしい経営者へと成長を遂げられました。

ＶＵＣＡの時代には、変化に敏感でなければ生き残っていけません。日頃から恐れられているビジネスパーソンは、周囲と必要最低限のコミュニケーションしかとれなくなるため、必要なインプットを得ることができません。

「感情の起伏」「マイクロマネジメント」「独断」のような兆候を自覚されている方は、早期の意識改革をお勧めします。このような傾向がある場合は指摘してほしいと、目上の方や対等な立場の方に平時から依頼しておくことも良い対策になるでしょう。

第 5 章

先が見えない時代の「勝ち組」キャリア

生き残りのカギは「自立の精神」

新卒採用・年功序列・終身雇用の〝先〟にある世界

第4章まで、昭和から令和にかけたビジネスモデルの成功パターンの変化、またこれからのＶＵＣＡの時代に全ビジネスパーソンに求められる7つの条件を紹介してきました。繰り返しになりますが、この7つの条件はコーン・フェリーが世界中の何十万人というビジネスパーソンのアセスメント結果から抽出した条件であり、〝今、このＶＵＣＡの時代に〟必要であることが立証されたものになります。

日本人のビジネスマネージャーやエグゼクティブに7つの条件のアセスメントを実施すると、残念ながらグローバルの基準を下回ることが少なくありません。その最大の原因は、新卒採用・年功序列・終身雇用という三種の神器に守られた環境下では、〝変化に挑戦し適応する経験〟が圧倒的に不足することにあります。

新卒採用・年功序列・終身雇用という制度は、働く個人の観点からすると人生設計の点で大変素晴らしいものです。就職、昇進、結婚、出産、育児など、人生のライフステージに合わせた形で社宅や手当が福利厚生として支給され、3年先、5年先、10年先の自分と家族の姿を見通すことができます。自分と家族の物理的、精神的な安全が保証されることで仕事に専念でき、それが企業の成長にもつながっていきます。

昭和の時代に大成功したこのモデルは、戦後日本の躍進の象徴とも言えるのではないでしょうか。しかし、第1章と第2章で述べた通り、その成功モデルの時代は終わったのです。このことを多くの日本人ビジネスパーソンが認識する必要があります。そして、もう既に訪れているVUCAの時代でキャリアを建設的に発展させる要素を冷静に観察し、改めて「自分の人生とキャリアは自分で作る」という価値観に戻らなければなりません。

皆さんがもし今の年齢のまま、終戦直後の焼け野原の日本にいるとしたら何をするでしょうか？　オフィスもなければインターネットも通信手段もない、そもそも交通インフラも整っていない、そのような時代で「自立の精神」なしに生き残ることは不可能でしょう。

日本の先人たちはそのような環境から、今日私たちが快適に過ごせる国を驚くべき短期間で築き上げてきたのです。その試行錯誤の中から生まれた、企業を安定的に成長させるための新卒採用・年功序列・終身雇用という手段は、既にその役目を終えました。今の時代に、日本のビジネスパーソンとして働く皆さんは、どのようにしてVUCAの時代の7つの条件を身につけていくべきなのか。

それは、勉強することでも研修を受けることでも知識をつけることでもありません。必要なのは「経験」なのです。変化が絶えず訪れる環境というのは、言い換えれば修羅場が連続するような環境です。そのような環境で生き残っていくための条件は「頭でわかっていても実践できない」ものがほとんどで、スポーツや武道や芸能の世界と近いものです。だからこそ、新たな環境へ常に挑戦し、一定の成果が出たらそのコンフォータブルゾーンを抜け出し、次のさらに遠くて高い場所を目指す挑戦をしていく。こうした意識と活動がより重要になるのです。

では、どうやってそのような「遠くて高い場所」での機会を獲得していくのか。現在、日本で働くビジネスパーソンの現実的な選択肢として考えられるのは、海外に出る、社内で出世する、転職する、の3つです。この3つの選択肢を中心に、適切な機会獲得の方法論を紹介していきたいと思います。なお、〝起業〟という選択肢はキャリア発展云々ではなく、「本当にやりたいことが、既存の枠組みの中に存在しない」という場合の自然発生的なものであるため、本章では除いています。

「グローバルキャリア」はどうやって獲得するのか

まずは、「海外に出る」すなわち、グローバルキャリアの機会獲得について紹介していきましょう。グローバルキャリアと一言で言っても、定義はいろいろとありますが、わかりやすく「自国以外の海外での就労経験」とします。海外での就労経験がなぜ重要なのでしょうか？　ＶＵＣＡの時代には、より大きな変化への対応力が求められるためです。

英語が話せるようになるといった表層的なことではありません。異なる文化、異なるビジネス習慣、異国のメンバーや上司に囲まれた環境に適応し、そこで自分の強みを発揮してパフォーマンスを出していくというのは、多くの共通的な言語や文脈を共有する日本人同士で仕事をするよりも格段に難易度が上がります。

また生活面でも、適切な体調管理やメンタル管理が必要になります。加えて、正しく伝えないと伝わらない自国以外の環境では、「あなたは何ができるの？」ということがより直接的かつ短期的に求められます。このような経験こそが、海外に出ることでしか獲得できないものです。それが確実に、自分の能力開発につながっていきます。では、こうした経験を獲得するためには、どのような方法が現実的に考えられるのでしょうか？

1　グローバル企業の各国採用

2　日本企業の海外駐在員

3　日本企業の海外拠点における現地採用

この３つが、多くの日本人ビジネスパーソンにとって考えられる方法になるかと思います。イメージがしやすいように、具体的な人物像をあげながら紹介したいと思います。

Case 1

グローバル企業の各国採用

Aさんは両親の海外赴任の関係から幼少期をイギリスで過ごし、英語は堪能。高校から日本に戻り、日本の大学を卒業後、新卒で日本の伝統的な製造業を営む会社に入社して海外事業部署に配属。海外事業部では主にアジア地域の現地法人の営業・販売促進戦略を国内から支援する業務に約4年勤務。その後、外資系製造業の日本法人にマーケティング担当として転職し、グローバルのマーケティング戦略の日本国内への展開と日本独自の企画・運営に従事。リーダーとして2名の部下を持ち、APAC地域のマーケティング責任者ならびに日本のカントリーマネージャーとの連携役として活躍。

さらに、HR Techを展開するアメリカ発のグローバル企業に自ら応募し、転職と同時にシンガポールに移住。日本を含めたAPAC地域のマーケティングマネージャーを務め、国籍の異なる4名のメンバーのマネジメントも行いながら、日本を含めたAPAC地域のマーケティング戦略全体を取り仕切っている。

Aさんのように幼少期を海外で過ごし、社会に出る前に異文化や、英語に対する適応が完了していると、このような方法でグローバルでの就労機会を獲得することが可能です。

Aさんの場合、後々の機会獲得に有効に働いたのが、実は一社目の日本の伝統的な製造業での勤務経験でした。毎朝朝礼があり、掃除は新入社員が率先して行うというような、極めて〝昭和的な〟会社でした。ただ、その企業を数年経験していたことが、後々の差別化の要因となりました。

Aさんのような、海外育ちの帰国子女の方のキャリアの落とし穴に、「外資系企業での勤務経験しかなく、接点のある顧客やベンダーも外資系企業のみ」というものがあります。そうなると、日本人であるにもかかわらず、日本の市場や商慣習に対する理解が低くなってしまい、長い目で見ると経験の幅が不足して機会を逃す可能性があります。

実はグローバル企業の売り上げ構成の中で、日本市場が2番目、3番目に大きいというようなケースは珍しくありません。特にアジアの中で日本の売り上げが一番大きいような企業ですと、必然的に「日本市場をよく理解しているグローバル人材」の価値が高まります。

幸運にも、Aさんのように言語的な障壁や異文化対応へのハードルがない方には、長い目で自分の人材価値を高めるような、〝幅〟のあるグローバルキャリアを構築していくことをお薦めします。

Case 2

日本企業の海外駐在員

Bさんは日本の大学を卒業後、日本の大手IT企業にシステムエンジニアとして入社。6年目から自らの希望で営業職への職種転換を行い、技術営業として大手の外資系企業の担当として活躍の後、法人営業の課長へと昇進。

その後、グローバルの通信キャリアの日本法人に営業部長として転職し、約20名のメンバーのマネジメントに従事。本社とのやりとりも含めて英語の習得に四苦八苦しながらも、持ち前の高いコミュニケーション能力と技術と営業の双方の豊富な経験により、担当領域で安定した実績を残した後、現職の日本の大手IT企業からのヘッドハンティングを受け事業部長として入社。アメリカで大きな買収があったタイミングでアメリカ駐在。アメリカ現地法人のトップとして数百名を巻き込んだ自社の現地法人と買収先企業との統合プロジェクトに従事。現在は、様々なステークホルダーと丁寧に関係性を作ることに注力し、3年間の統合プロジェクトを無事に遂行して帰任、現在は全社の新規事業開発の責任者として活躍している。

本ケースでは、中途入社組から海外のトップポジションの機会を得て、グローバルなキャリアを獲得したBさんの例をご紹介しました。これと対極にあるのが、新卒で入社した会社で海外赴任の機会を獲得するケースです。新卒で入社した会社で、配属された事業部の中で成果を出し、その事業部の海外拠点に乗り込んで、事業の立て直し経験や異文化での経験を積む。これももちろん一つの手法ではありますが、一方でこの方法には以下のようなリスクも含まれます。

1 配属された事業部が、海外進出するか否かは全くのコントロール外
2 人事部に駐在員を選抜するノウハウがなく、運とタイミングで人選が行われている
3 海外事業が成長してくると国内と海外で事業部が分割され、海外事業のほうには多くの人材が中途で採用される

Bさんは、まさに3番目の要員候補として現在の会社に入社し、その機会を得ていった人材です。特に2社目のグローバル企業へ営業部長として転職するところから、「将来、海外展開を加速する際の幹部候補」という期待値も込みで採用されています。

もちろん、会社の理念や風土を理解している新卒生え抜き組として、自社の中でグローバルキャリアを模索するという方法も一つの選択肢です。しかし、日本企業のグローバル

人事はまだまだ十分に機能しているとは言い難く、駐在員の選抜について透明で公平な基準を持っていない企業がほとんどです。

明確な基準がないゆえに、その時々の事業部の長の判断で〝何となく〟決まっているというのが実態です。最近、大手企業は新卒採用の際に「グローバルキャリアが積めます」という謳い文句で学生を惹きつけているため、これを正当化するために「トレーニー」という名のもと、実質的に何の権限も責任も負わない役割で数十〜数百人の若手を海外に送り出しているケースが見られます。

ただ、これはVUCAの時代の7つの条件の観点から見ると、ほとんど効果がないと言わざるを得ません。役割や責任範囲が不明確なため、3章・4章で述べたような「修羅場経験」を主体者として獲得できないからです。

むしろ、役割が不明確な日本人駐在員が増えることで、現地スタッフの意欲を削いでいる側面のほうが大きいのが実態です。

狙うは海外と日本のハイブリッド人材

今後、日本国内の人口と市場が減少することは目に見えているので、海外事業は非常に重要な成長の柱になります。皆さんが社長だとすると、その重要な海外事業を推進するポジションに、「新卒から国内事業だけをやってきた」人材を据えるでしょうか？　特に変化を前提とした事業の場合には、「外の世界と中の世界をバランス良く経験している人材」のほうが重宝される時代に変わっていきます。

このことを個人のキャリア開発の観点から考えれば、できるだけ若いうちに、一度は外資系企業のような環境を経験する。その経験をもって〝これから海外展開を本格的に加速させていく日本企業〟を冷静に見極めた上で、海外事業部の駐在員候補として中途入社して、1～2年のうちに海外駐在の機会を勝ち取る、というのが戦略的な手法として考えられます。

前述のBさんが、日本企業の経験を武器にグローバル企業の機会を得たのとは逆のパターンで、グローバル企業での就業経験を武器に、今後グローバル化を加速していきたい日本企業で、駐在員のポジションを獲得していくという手法になります。

典型的には国内の市場で一定の規模まで成長している大手日系企業の中で海外展開が遅れている企業がそれに該当します。海外売上比率が数％～10％代の企業などは、海外展開を始めているも、なかなか進んでいない、もしくはこれから拡大していく可能性が高い企業として対象となりうるでしょう。

Case 3

日本企業の海外拠点における現地採用

Cさんは日本の大学を卒業後、大阪の社員数30名の商社に営業として勤務。自動車関係の機械部品を扱う部署に配属され、ルート営業中心に3年間勤務するも全く成果が上がらない日々を過ごす。業務上で現地法人とのやりとりが多かった中国に興味を持ち、「自分を変えたい」という一心で一念発起して上海で日本人向け広告会社の現地採用のポジションに応募し、転職と同時に上海に移住。

現地の友人・知人と積極的に交流し、驚異的なスピードで中国語を習得。中国語の流暢な日本人営業というスタイルが受け、営業実績も上げていく。3年の勤務の後、中国語の強みが活かせ、かつ英語圏での経験も積めるシンガポールの日系貿易会社の日本企業向け営業担当の現地採用として入社。

2年間の勤務の間に英語もビジネスレベルまで上達。中国・シンガポールの日本企業の駐在員とのネットワークも拡がり、日・中・英の言語を話し、アジアでの就業経験も豊富という経験を武器に再度転職活動を行い、複数の日本企業から駐在員候補としての内定を獲得。その中で、マネジメントの役割を経験できる中堅商社に入社を決め、日本本社に入社。1年後、正式な駐在員として上海に赴任し、現在は現地のメンバー5名のマネジメントも行っている。

Cさんは大学卒業後、地元の小さな商社に勤めていましたが、全く成績も上がらず、職場の人間関係も最悪だったとのことでした。「このままでは自分はダメになる」と思い、何のツテもなかった中国の上海の求人に応募して中国での現地採用で就業を始めました。

ここで少し「現地採用」と「駐在員」の違いについて説明しておきましょう。先述のBさんのような「駐在員」は雇用元が本社（＝日本企業であれば日本）であり、海外の拠点に出向しているという形式をとります。

一般的に3〜5年の任期があり、任期後は他の国、もしくは日本本社への帰任となります。細かくは会社によって異なりますが、一般的には現地での住宅費用の会社負担に加えて、駐在員手当や家族手当、危険国についてはハードシップ手当など、日本国内の給与に各種の手当が上乗せされ、非常に手厚い待遇となります。

一昔前には「海外駐在すると日本で家を一軒建てられる」と言われた時代もありました。現在ではそこまでではないケースが大半ですが、いずれにせよ会社の中核人材が現地でしっかりと成果を出せるように会社が全面的な支援をしてくれます。

一方で「現地採用」は本社ではなく現地法人と直接契約する形式で、基本的には現地社員を採用する場合と変わりません。よって、現地水準に合わせた毎月の給与支給が全てであり、駐在員のような本社からの支援や帰任などのその先のルートは何もありません。国によっては成果が出なければ他社員と同様に解雇されることもある厳しい世界です。しかしながら、それがゆえに駐在員よりも圧倒的に深く現地マーケットに入り込むことができます。駐在員はその「守られた環境」の負の側面として、駐在員だけで集まった駐在員村で任期を無難に過ごし、実態としては金銭以外に何も得ないまま帰っていくような人が残念ながら多々見られます。

意外に重宝される「現地採用」の経験

ところが現地採用の場合はそうはいきません。海外でのキャリアを続けるためには仕事はもちろんのこと、一切のサポートがない中で住む場所を探し、家賃交渉していくところから始まり、衣食住の生活基盤と人間関係を自ら現地で作っていく必要があります。当然ながらその過程で言語や文化的ギャップの問題にも遭遇し、様々なサバイバル経験を積み重ねていくことになります。

これはまさにＶＵＣＡの時代に求められる経験の幅という意味では非常に濃密な時間で

あり、Cさんも中国に来たばかりの頃はひ弱なイメージでしたが、5年間にわたる現地での生活の中で驚くほどに逞しく成長しました。その経験をもとに東アジア・東南アジアで海外展開を進めていた日本の会社に応募したところすぐに内定、異例の若さで駐在員として現在活躍しています。

Cさんはもともと勉強が得意なタイプではなく、内面としても25歳時点ではそれほど「何か特別なもの」を感じる人材でもありませんでした。しかしながら、「今の自分は何にもないですけど、これから伸びるアジアで歯を食いしばって頑張って成果を出せば、将来その『経験』が自分の価値を高めてくれると思うんですよ」と、まるで将来の自分を見通すような発言をいつもしていました。

Cさんのような挑戦は一定のリスクを伴うものでもありますので、正直35歳以上の方がゼロから飛び込むのはあまりお勧めしません。しかし、もしも今20代で、現在の会社・仕事の延長線上にグローバルキャリアの種が見えないのなら、根拠のない周囲の同調圧力に屈することなく、3年なり5年なり期限を明確に設定した上で、現地採用という可能性に挑戦することは成功・失敗にかかわらずＶＵＣＡの時代の7つの条件を高める一つの選択肢となります。

金銭的な価値で測れない「価値観を変える経験」

海外で仕事をする本当の価値とは？

ここまで3つの事例を交えながら、海外での就労経験の獲得方法について述べてきました。本書の主題でもある7つの条件を身につけるため、またこれからの時代を生き抜くキャリアアップ施策の一つとしても有効です。そして、海外での就労経験は純粋に皆さんの人生における価値観を大きく変える経験になることでしょう。

- そもそも人生における仕事の比重の違い（日本人の〝仕事偏重〟の客観的認識）
- 文化、宗教、政治的な違いの真の意味での体感
- 上司、部下、同僚の関係性の違い
- 異文化の人間が集まった中での議論の「幅」「熱量」の違い
- パーソナルな関係の重要性
- 自分の価値観、キャリア観が軸。そこに会社（機会）をどう活用するかという発想

このように、現地での経験から得られるものは金銭的な価値では測れないもののほうが大きいと考えてください。また、それらの経験を通じて、よりダイナミックな比較軸ができることにより、〝日本という国の良さ〟や〝自分という人間の強さや弱さ〟といったアイデンティティーがより大きな視点で浮き彫りになります。

やはり一定の期間、実際に現地で「生活し、働く」ことでしか体感できないことがたくさんあります。本書の中で「経験の幅」ということを何度か述べていますが、「海外で自力で生活したことがある」ということも立派な経験の幅なのです。

スーパー・コンビニにはどんな食材が置いてあり、週末にはどのようなイベントが催され、現地の友人は今何にハマっているのか、どんなアプリが流行っており、電子マネーの普及状況はどうか、友人の両親の関心事は何なのかなどの情報を得るには自分が生活者になってみることが一番の方法です。

また、皆さんが日本人であるということから〝日本〟について友人から聞かれることも多々あるでしょう。海外から見えている日本と皆さんが知っている日本には良くも悪くも随分と差があることに驚かされると思います。

〝皆さん自身の意見や考え〟を直接的に求められることも日本にいた頃よりも格段に増えるでしょう。文化・国籍が異なり、お互いが「知らないことだらけ」のような環境では、このように直接的・本質的な興味関心に基づいた質問や発信が行き交います。それに対して誠意を持って答えようとすれば、自ずから「自分は何をする（したい）人なのか」「日本という国はどういう国なのか」といった、より根源的な問いにさらされることになり、それが皆さんのアイデンティティーをより強固なものにしていきます。

日本という同質性の高い世界だけで自分探しをしていては、もっと大きなアイデンティティーを見逃す危険性があります。自分が何者かを知るためには、自分のことを誰も知らない土地で懸命に仕事・生活をしてみて、そこから得られる経験・フィードバックから自分という人間のアイデンティティーの輪郭を明確化していくことが実は最も力強い方法と言えるでしょう。

今の時代、「やる」と決めれば海外での就労経験を積むことは可能です。長い職業人生、一度ぐらい海外で働くことに挑戦してみてはいかがでしょうか。

出世の仕組みを理解して活用する

日本企業のミドル層が直面している残酷な現実

海外の次は、社内でのキャリアアップ（出世）の機会をどのように獲得していくのかについて説明したいと思います。社内での出世の機会を勝ち取るには個人の努力はもちろんのこと、自社の人事制度の仕組みいわば出世のルールブックに対する理解が必要です。普段この部分は一般社員に明かされることは少ないですが、ＶＵＣＡの時代において自分の社内での出世機会を獲得するには積極的な情報収集が必要です。

コーン・フェリーのプロジェクトから見えてきている日本企業のポスト（出世の機会）、給与、幹部人材選抜の仕組みと活用方法について紹介していきます。

最近、日本企業の人事に関するニュースと言えばかつての名門企業が45歳以上の社員に対して数千人規模で早期退職を募るなど、あまり明るい話題は聞こえてきません。

これは45歳以上の社員の能力が低いという理由ではなく、多くの日本企業が昭和時代に構築した人事制度に構造的な問題点があり、そのあおりが45歳以上のミドル層を直撃しているのです。これが多くの人事制度のコンサルティングを実践している現場から見えてきた実態です。人事制度というのは個人の視点で言い換えると、キャリアアップ（出世）という名のゲームのルールブックです。改めて伝統的日本企業のルールブックである人事制度について少し触れてみましょう。

日本企業の人事制度は表向きには成果主義や能力主義という建前があったとしても、多くの場合には昇進基準に「目安年齢」や「在職年数」などが入っており、実質的にはまだ年功序列の色合いが強く残っています。

つまり、普通に頑張っていれば「ある年齢になれば課長になり、ある年齢になれば部長になり」というような「年齢とポスト（=給与を含めた処遇）がある程度は均衡する」という前提に基づいた設計になっています。

もちろん今も昔も全ての人が社長や役員になれるわけではなく、そこには一定の正当な競争環境がありました。しかしながら、今多くの日本企業で以下の2つの理由で年齢とポストのバランスが大きく崩れてきています。

- 国内の消費市場の低迷や人口減少により市場が鈍化し、組織の成長が頭打ちとなり、管理職のポストが増えていかない
- 社員の平均年齢が上昇し、ポストがベテラン層で占められている。ポストが空いても、続くベテラン世代に順番が回り、若手の抜擢がなされない

一昔前であれば、そもそも人員構成がピラミッド型かつ右肩上がりの業績・組織成長でしたので、社員に出世や成長につながる機会を多く提供することができていました。しかし、成長の鈍化と社員の高齢化に伴い、組織が硬直化してきたのです。

一部の優秀な人材は、それでも限られた経験の機会を得ながら、経営幹部として成長を遂げてきました。一方で、多くの社員が「成長につながらない会社都合の配置転換」や「使い勝手のよい駒として部門に囲い込み」の憂き目に遭ったのです。

それでも、年功的に報酬は上がりライフステージに合った生活は維持できるため、転職というリスクをとる必要はありませんでした。また、定年まで会社が雇用を保証するという暗黙の約束もありました。しかし、会社自体の先行きが危うくなり、その暗黙の約束は反故にされつつあります。

むしろ、45歳以上のミドル層社員こそ、業績と報酬がアンバランスなため、リストラの対象とされているのです。出世を目指しても、ポストの数には限りがあり、かつベテランに占められる状況は今後も続きます。出世を諦めたとしても、年功的に上がる報酬によって、リストラに遭うリスクは高まります。この八方塞がりの状況こそが、現在日本企業のミドル層が直面している厳しい現実なのです。

図表5-1

賃金水準の国別比較

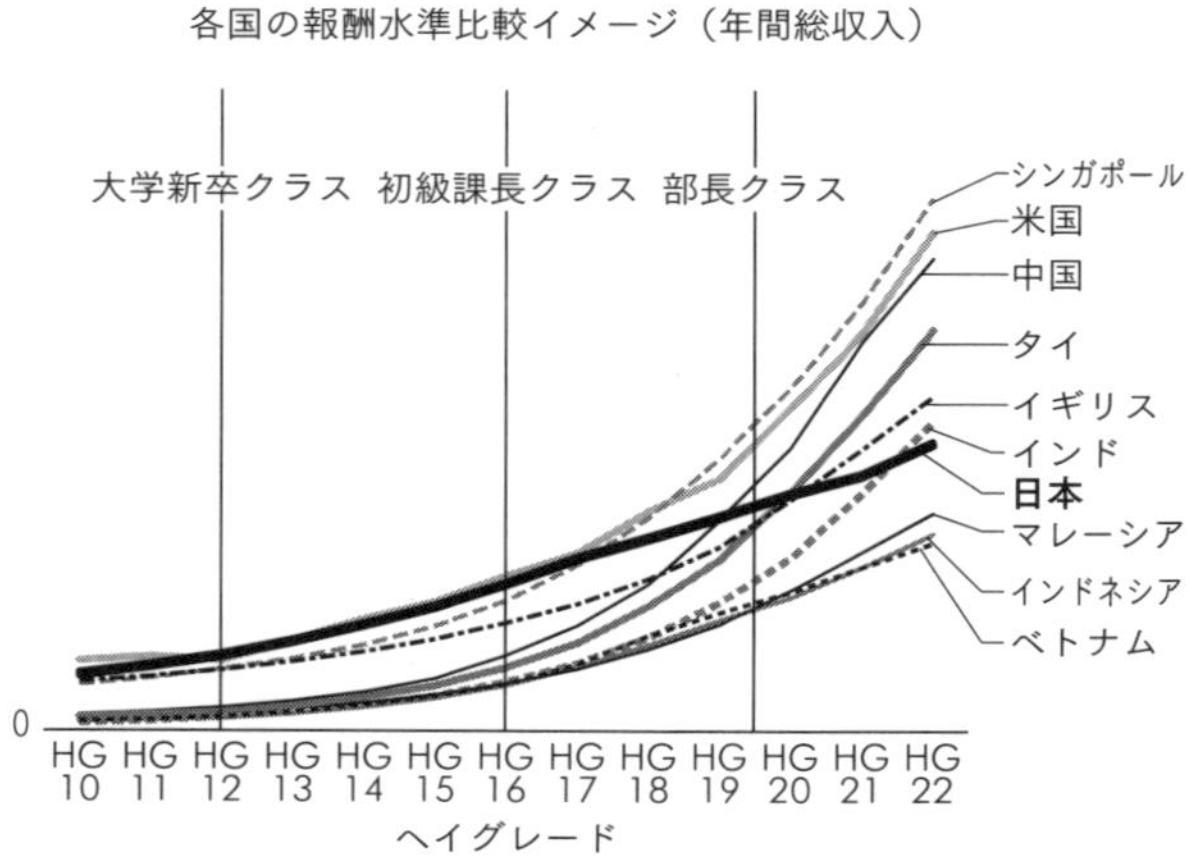

出所：KFHG PayNet

こんなに違う世界と日本の給与事情

次に、実はなかなか知っているようで知らない給与についてもデータを紹介しておこうと思います。

図表5－1はコーン・フェリーが毎年日本も含めた110カ国で行っている給与調査の国別比較を表したデータです。縦軸が年間総収入、横軸が職責の大きさを表しています。日本での呼称で言えば、大学新卒クラスがHG12、初級課長クラスがHG16前後、部長クラスがHG20前後と職責が大きくなるほど総収入が上昇しているのが見て取れるかと思います。

見ていただくとわかる通り、日本の報酬水準というのは新卒～課長クラスぐらいまでの間は世界と比較しても遜色ない水準ですが、管理職以降では大きく他国に劣後する水準です。ここには日本企業と海外の企業との賃金に対する思想の違いが見て取れます。

- 日本企業は、雇用が保証されている代わりに、職責に見合った報酬は得にくい
- 海外企業は、高い職責につけば、相応の報酬を得られる（ただし、雇用の保証はなく、業績が悪ければ雇用を失うリスクがある）

日本企業の報酬が「年功序列」とされるのは、職責の大きさと報酬の関連性が低いからです。日本企業では、「管理職に上がりたくない」という声を多く聞きます。管理職につくと、残業代がなくなり、報酬が下がる一方で、責任は明らかに増えます。

これでは、管理職への昇進意欲が喚起されるわけがありません。前述の通り、ポストは限られており、上が詰まっているのが日本企業の現状です。一方で、「上を押しのけてまで、管理職になりたくない」と社員に思わせてしまう給与事情もあるのです。これが、私たちビジネスパーソンが知っておくべき給与制度というルールなのです。

客観評価型のグローバル企業VS前任評価型の日本企業

ここまで、ポストと給与について紹介してきましたが、最後に選抜をテーマアップします。すなわち、「そのポストに誰が選ばれるか」です。

選抜についても、グローバルと日本では大きく考え方が異なります。グローバル企業では、360度サーベイやコーン・フェリーのような社外専門家のインタビューなど、多様で客観的な視点を選抜の際に重視します。

もちろん、直属上司の評価は重要な因子の一つですが、それだけで全てを決めることはありません。上司に「見えない部分」も含めて、総合的に判断するのです。これは、VUCAの時代にマッチした評価法と言えます。昭和・平成の時代と比べて、令和のビジネスパーソンの業務範囲はかつてなく広がりつつあります。

実際に上司の目が届かない組織横断的なプロジェクトワークも増えています。また、リモートワークなどの働き方の変化により、物理的にも目が届かないことが多くなっていくでしょう。上司が部下の能力や仕事ぶりを完全に把握することが困難になりつつあるからこそ、客観的な評価は重要なのです。

また、上司に人事権・評価権が集中しすぎると、ハラスメントにもつながりかねません。グローバルでは、客観的な複数の視点、また上司自身も場合によっては部下からの評価を受ける、というようなガラス張りの評価スタイルが一般的なのです。

一方の日本企業はというと、まだまだ前任者や上司からの評価が非常に大きな力を持っています。「上司のお気に入りの社員」が出世の切符を手にするのが現実です。グローバルでは客観的な評価を重視する一方で、日本では前任者や上司の主観的な評価が重視されているのです。

いかに業績を上げたとしても、前任者や上司と相性が悪かったために出世が遅れるケースは往々にしてあります。コーン・フェリーが支援している企業の中で、社内の異端児として有名であったある化学メーカーの社長は、「自分は出世が人よりだいぶ遅かった。業績はひと一倍上げていたが、上の人間に対しても批判ばかりしていたので、随分嫌われてしまった。たまたま前会長に気に入られたのでキャリアの道が開けたが、そうでなければ会社を辞めていたかもしれない」と語ってくれました。

日本企業で出世の階段を上がっていくには、業績を上げるだけでは不十分です。自身が会社にとって「重要な人物」であるという評判を自ら作り上げなければなりません。周囲からのフィードバックを積極的に求め、自らを改善し、周囲から「信頼に足る人材」という評判を得ていくことが、重要になっていきます。

前任者や上司の主観による評価をうまく掴んでいくことが、日本企業における出世のルールと理解しなければなりません。

「使われる」のではなく企業を「活用する」ためには

「出世」の舞台を一企業内に閉じるな

ここまでは社内での出世を考えるときに押さえておくべき、日本企業の人事制度、給与水準、人事開発などの〝ルールブック〟に当たる考え方を組織・人事コンサルティングの現場から見える実態も交えながら紹介してきました。

ご紹介した通り、今、伝統的日本企業の人事制度・人材開発の手法は大きな曲がり角に来ています。総じて言えば、この制度に全幅の信頼を寄せるのは一個人としては危険です。しかしながら、そのルールブックを理解した上で〝活用〟することは可能です。以下のような機会獲得はＶＵＣＡの時代にとって有効、かつ大企業ならではの経験になります。

- 大組織を束ねるような組織長経験
- 海外駐在経験（トレーニーではなく、責任と権限を持った形が望ましい）
- 国内の関連会社や子会社への経営に近いポジションでの出向経験
- 買収や提携などの外部との交渉やパートナーシップ経験

・新規事業開発

これからの時代、〝結果的に〟一社でキャリアを全うすることはあっても、最初から一社に限定して考える必要は全くありません。その上でVUCAの時代に必要な7つの条件を経験するようなポジションにつくのが良い出世であり、そこに貢献しないポジションにつくのが悪い出世です。

課長や部長といった、一社の中だけで通用する序列にこだわる時代は終わりました。企業というのは皆さんの活躍の舞台の一つでしかないのです。その上で「大企業」という看板はうまく使えば皆さんの〝身の丈以上の仕事を経験させてくれる大きな船〟でもあり、それこそ活用すべきです。

そのためには、既に何度か触れてきている通り、「経験を引き寄せ」て、会社主導のキャリアから自分主導のキャリアへと転換していくことが大変重要です。そもそも、自分は今後、どのような経験を積むべきかをまず考えましょう。

孫正義氏は、19歳のときに「20代で名乗りを上げ、30代で軍資金を1000億円貯め、40代でひと勝負し、50代で事業を完成させ、60代で事業を後継者に引き継ぐ」という人生50年計画を立て、その通りにキャリアを前進させています。

「大企業」に入ったということは、大きなアドバンテージになります。その中で、どのようにキャリアを歩んでいくかは自分の意思の力も大きな影響を及ぼします。自分が何を目指し、どういうキャリアを歩みたいかを考え、行動に移していくことが何より重要です。

また、中小企業やベンチャー企業に勤める方もその場所を活かしたキャリアを考える必要があります。従業員数が少ないということは、マネジメントポジションをはじめとして様々な「経験」を積む機会も多いはずです。大企業では「大企業ならではの機会」も多い一方で、個々の希望は通りにくい側面があります。

中小企業やベンチャー企業では、意欲の高い人物はトップや意思決定者の目にとまりやすいという利点があります。すなわち、「経験の引き寄せ」がしやすいのは、むしろ中小企業やベンチャー企業です。場合によっては、「自社を改革する」「全社の命運を分けるプロジェクトに参画する」というダイナミックな機会を得やすいのも利点と言えるでしょう。ぜひ、今の企業を自身のキャリアを輝かせる「活躍の舞台」と捉え、活用し尽くしてください。

そして、「一つの企業で定年まで働く」ことを前提とせず、いざとなったら「活躍の舞台は他にある」と捉えることは重要です。転職を必ずしも薦めているわけではありませんが、「一つの企業に仕える」ことを決めてしまうと、大胆な行動をとることが難しくなります。「いつ辞めても構わない」という意識を持つことが、あなた自身の存在感や、社内外での価値を高めます。ぜひ、いつでも外に出る覚悟を持って、日々の業務に取り組んでみてください。

複業やパラレルキャリアで会社に絞られない「B面」を伸ばす

さて、ここで少し趣向を変えてここ2〜3年で日本でも普及し始めている複業やパラレルキャリアといった会社の名刺に表れない「B面」の活動の重要性についてもお伝えしたいと思います。

結論として、「B面」の活動はVUCAの時代のキャリア発展に有効に働きます。近い将来、転職や異動時のアピールポイントとして「B面」の活動は本業の「A面」と同じぐらいのインパクトを持つようになるでしょう。なぜならそこには皆さんの〝動機〟が色濃く反映されるからです。

先にグローバルの人材要件設計のトレンドとして、動機や性格特性といった内発的な要素を含むことが増えてきているとお伝えしました。「B面」の活動は会社からの業務命令ではなく、皆さんが自分の「動機」を持って選び、自分の時間を投資しているはずなので、動機を色濃く映し出しているものであり、また「経験の幅」という観点からも有効に働きます。

ただし、お金を稼ぐことが目的でアルバイト的に他の仕事をしているなど〝副〟業はお薦めできません。金銭的報酬が目的なのであれば、本業に集中するか転職したほうが投資対効果は高く、将来にもつながります。ＶＵＣＡの時代に有効なパラレルキャリアとは、下記のどちらかに該当します。

- 皆さんの興味・関心に１００％忠実で全く本業を無視した領域（動機の追求）

- 現在の本業の活用機会を社外に広げる領域（複〝会社〟、複〝名刺〟での経験の幅）

より長期的視点で重要になるのは、前者の動機の追求を本業以外のＢ面の時間で行うという活動です。

皆さんも〝お金になるかならないかを度外視して強い動機を感じること〟の一つや二つ、思い当たることがあるのではないでしょうか。

著者の知人で、ある事業会社の海外現地法人の営業責任者として海外駐在していた女性がいました。彼女はとにかく料理が大好きで、その中でも出汁を使った日本食を作ることに並々ならぬ強い動機があり、海外で〝日本らしい日本食〟に飢えた駐在員を会社の垣根なく集めて頻繁に自宅で食事会を行っていました。

当時は冗談半分で「引退後は小さな料理店でも開きたい」と言っていましたが、５年ぶりに再会すると、銀座・新橋で出汁料理店を二店経営するオーナーに〝変身〟していました。事業会社からの帰任命令と同時に夢を叶えるための準備・行動を開始し、瞬く間に開店までこぎつけたそうです。そして開店当時には海外で食事会に参加していた当時の駐在員の帰任組が大勢かけつけてくれたそうです。

海外駐在時には全く仕事の本業と関係のなかった「ただ好きだった」B面の動機の追及が時間をかけて花開いていった実例でした。

「本業A面の開発は短期的・戦略的に。複業B面の開発は長期的・直感的に」。そんな役割分担の上、どこかの未来で双方が交わるような地点を探っていく。そのようなA面・B面の二刀流がVUCAの時代における総合的な人材価値を上げていきます。

〝ストーリーのある転職経験〟こそが価値ある人材の共通点

海外、出世、複業に続く最後は「転職」について述べていきたいと思います。コーン・フェリーはグローバルでトップクラスのエグゼクティブサーチ会社でもあり、近年ではミドル層、ジュニア層の採用の支援にも多く携わっています。転職という手段をVUCAの時代のキャリアアップにどのように活かすのか。その具体的な方法論を紹介していきたいと思います。

これまでの章を通じて、いわゆるこれまでの「新卒で入社した企業に定年まで勤め続ける」モデルはリスクが高いということはご理解いただけたかと思います。一方で、転職という手段はこれまでの人間関係や実績をいったん完全にリセットし、全く新たな世界に飛び込むことを意味しますので当然ながら誰にとっても大きな挑戦となります。その際に大事になるのは、〝ストーリー〟です。

「皆さんという個人が何を思い今の会社に入り、どのような仕事に情熱を注ぎ、実績を上げ、そして今またなぜ社内ではなく社外で新しい挑戦をしようとしているのか」、こういったストーリーを人生の主人公として堂々と語れること。それが何より重要です。このストーリーの本編は、「皆さんが何に情熱を傾け、どのような価値基準で判断してきたのか」です。

転職とは、現在の会社での機会と新しい会社での将来性を天秤にかけて、勇気を持って実行するものです。情熱や実績もない状態で青い鳥症候群のように会社を転々としても、自身の市場価値が下がっていくだけです。

転職後進国である日本には、まだまだ確立された転職ノウハウが培われていません。個人の視点で転職活動を考えた時に転職の目的やストーリーを描ききれず、結局アクションを起こせないというケースが少なからずあるのではないでしょうか。

ここから先は転職に関する具体的な進め方を紹介しながら、ＶＵＣＡの時代における良い転職と悪い転職について説明していきたいと思います。

転職を考えるに当たり、タイミングは重要です。転職活動というのは情報収集段階（応募する会社を決める段階）と実行段階（実際の応募・面接・内定）の2つに分けられます。それぞれの活動の「開始タイミング」については、以下のようになります。

- 情報収集段階：今すぐ。案件情報が複数経路から入る仕組みを作っておく
- 実行段階：市場価値の高い成果が出たタイミング。年数目安は3の倍数で考える

まずは情報収集段階です。年齢および転職意向のあるなしにかかわらず今すぐ行うべき作業として「情報流入の仕組みづくり」があります。具体的には以下のような情報経路接点を作り、案件の情報が相手から入ってくる状態を構築することです。

- 大手・専門系の人材紹介会社やエグゼクティブサーチ会社への登録・面談
- リクナビ、ビズリーチなどの転職用求人サイトのスカウトサービスへの登録
- （グローバルキャリアを目指す方は）リンクドインなどのレジュメ公開サイトへの登録

この段階での目的は「自分の経験を提示した場合にどのような案件が来るのか」を適切に把握することにあります。何社か実際に人材会社のコンサルタントと面談などして話を聞いてみるのも良い経験になります。ただし、あくまでも目的は長期的な情報収集であり、

この場ですぐ案件に応募する必要はありません。

後ほど述べますが転職の実行には適切なタイミングがあります。その前段階として、そもそも転職素人である自分自身が情報を蓄積できる仕組みを作る必要があるのです。また、転職エージェントは必ず「いつ転職しますか?」と実行時期を聞いてきますが、そこは「そうですね。半年ぐらいでしょうか」と言っておけば問題ありません。

転職エージェント事業は転職成功に対して企業からフィーをもらえるモデルですから「早く転職しましょう。チャンスがなくなりますよ」とあおってくることもありますが、そこは「じっくり検討したいので」というスタンスを一貫しておいてください。そうするとそのうち、「この人は長期対応だな」と転職エージェント側にも認識され、徐々にシステムでマッチングされた求人情報が機械的に送られてくるようになります。

情報収集段階ではこの状態がまさにゴールです。このようなプロセスを通して、複数の情報経路から機械的・定期的に案件情報が送られてくる状態を早期に構築し、自分の転職市場価値を常に見定めておくことが重要になります。

「市場価値の高い成果が出たタイミング」を逃すな

次に、実行段階です。実行に移すのは「現在の仕事で〝市場価値の高い成果〟が出たタイミング」がベストです。〝市場価値の高い成果〟とは例えば以下のようなものになります。

- 新規のクラウド商品を扱う事業部内30人の中で売り上げ目標1位を獲得した。昨年対比では200%の伸びを実現
- 担当するシステム開発プロジェクトのリーダーとして5人のメンバーを率い、カットオーバーと保守運用フェーズを完了。顧客から満足度5の評価を頂く
- 国内、海外5つのM&A案件に対して自社の買収担当（1名のみ）として、案件の探索、組成、交渉、デューデリジェンス、PMIの全フェーズに関与。うち2つはPMIを担当し、現在は買収先に常駐

簡潔に言えば、「どの会社にも存在する重要度の高い仕事」「市場共通性の高い定量的な数字成果」「当事者であったことが明確」などです。これらの成果は、採用する立場から見れば「自社でも同じような成果を再現してくれる可能性が高い」と理解されやすいのです。人材を採用する際には当然ながら給料も含めた会社側の投資額以上の成果創出を期待します。例えば年収700万円の人材を採用する場合、福利厚生、社会保険、仕事上の端末やオフィスのスペースも含めておおよそ給料の2倍の1400万円程度がその人材に対する毎年の投資額になります。

この投資額以上の成果を会社に還元するためには、会社からのサポートが少ないベンチャー企業などでは少なくとも給料の3倍程度、会社のブランドや仕組のサポートが強力な大企業では給料の4倍〜6倍程度の成果創出（＝稼ぎ）に貢献しなければ、その人材に対する投資額を正当化することはできません。

こうした視点で考えた時に先述のような成果は客観的で会社を超えた共通性が高いために入社後の成果創出が想定しやすく、市場価値が高いといえるのです。

市場価値の低い成果の例をあげると、

- 業務企画部の一員として業務改善プロジェクトの事務局を担当。関係者の日程調整から議事録の共有などを円滑に行い、スムーズな運営に貢献した
- 課長補佐として営業課全体の生産性向上、売り上げ向上につなげるためのキャンペーンの企画や課題議論セッションの会合を定期的に開催した
- 人事部の新卒採用担当として会社説明会や広報戦略の企画、採用プロセスの管理、内定者フォローを行って10人の入社につなげた

「仕事の特性が個別の会社のやり方に強く依存している」「定量的な成果が測れない」「調整役・企画役」「定型的な年次プロセス（新卒採用など）の遂行のみ」「関係者が社内の人

間のみで完結している」といったものがあげられます。

転職活動を成功させる上で最も重要な心得として、転職とは「需給のバランスで80％が決まっている」ということをしっかりと理解しておくことです。どれだけ優秀でも、その人を必要とするポジションがなければ転職は成立しませんし、逆に事業の拡大期で営業体制が整ったタイミングであれば、多少個人の能力が劣っていても仕組みでカバーできるため転職が成立することもあります。これを個人の視点から言い換えると、以下のようになります。

- 求人内容（需要）の傾向をきちんと理解している
- その需要に合致するような領域・経験で成果を出せている（供給）

この2つを常に準備しておく必要があるということです。だからこそ、意図を持って転職・求人情報を常に収集しておき、自分の方向性と現実的な需要を理解し、その領域・経験で成果が出たタイミングで次の大きな機会を獲得していくのです。成果の出たタイミングでは社内でも速やかに次の仕事やプロジェクトの話が打診されることでしょう。

しかしながら、社内の仕事というのは時として「彼に任せておけば安心だからもう一つ同じぐらいの仕事をお願いしよう」という会社側の理屈のみで決められることが少なくありません。世の中の需要に応えられるレベルの成果が出たタイミングは転職によるジャンプアップを狙う良いタイミングです。

また、経験の長さについては個人差があるため一概にはいえませんが、〝3年〟を一つのサイクルとして考えるのが目安となります。〝守・破・離〟という言葉があるように、何事にも成果をだすまでは一定のプロセスを経る必要があり、実際に大きなキャリアアップを成し遂げている人材のレジュメを見ると、3年の倍数ごとに大きな飛躍の機会を得ている傾向があります。

新たなミッションについた場合に3年で一つの〝守・破・離〟を実現することを目標に全力投球し、市場価値の高い成果を生み出す。その結果、さらに大きな機会が社内で得られれば、社内でより大きな守・破・離を回してさらに大きな成果を出す。

社内にいることが「居心地よい場所」になった、もしくは「本質とは関係がない社内事情で機会が棄損され続ける可能性が高い」と感じられたら思い切って転職して、これまでの実績を携えて新たな環境での〝守・破・離〟に挑戦する。そういったサイクルを3年を一つの目安として棚卸と軌道修正していく、それぐらいのスピード感がVUCAの時代には必要です。

短くなる「企業の寿命」の捉え方

VUCAの時代に重視すべき企業選びの「軸」とは？

十分な情報収集を普段から行い、直近で幸いにも市場価値の高い成果が出せた、残念ながら社内の次の仕事は魅力的ではなく、あまり交渉の余地もなさそうだ。このような状況であるとすると、次の選択は数ある転職候補会社の中からどの一社を選ぶかということになります。その際に軸とすべき観点は以下の通りです。

1　その会社の事業・経営ビジョンに共感・コミットできるか
2　その会社の属する業界の将来性は十分で、自分はその〝将来〟に貢献できるか
3　その会社の組織風土は自分にマッチしているか

まず1つ目が「その会社の事業・経営ビジョンに共感・コミットできるか？」です。この観点は非常に重要です。決してないがしろにしてはいけません。当たり前ではありますが、全ての会社には社会に対する何らかの存在意義（経営ビジョン）があり、そのために

何らかの事業をしているのです。

その方向性に対してあなたが心底共感できるのか？　この部分をしっかりと確認する必要があります。例えば営業職として転職したのであれば、給与・処遇はアップしたとしても毎日の営業活動のプロセス自体は実は転職前と大きく変わらないということは当然ながらあり得ます。

しかしながら、扱う商材が変わり、またその商材によって社会に提供する価値や存在意義についての納得感・腹落ち感が向上していれば当然ながら生み出される成果も変わってきます。「有名だから」「大企業だから」「面接で会った先輩が魅力的だったから」といった表層的な理由ではなく、〝環境が変わっても〟その会社の存在意義や事業に自分がしっかりとコミットできるのか？　まずは、ここが選択基準の幹になります。

2つ目が「その会社の属する業界の将来性は十分で、自分はその〝将来〟に貢献できるか？」です。

ＶＵＣＡの時代のもう一つの大きな前提は企業・業界の寿命がどんどん短くなってきており、目まぐるしく変わっていくということです。そして個社の努力を超えた「業界の将来性」というのは確実に存在しますのでここをしっかりと見極めておくことが大切です。

転職候補企業とその競合の企業群の設立年度や売り上げ・利益の伸び率を四季報などで簡単に確認できる時代です。個別の企業のもう一段上位にある業界の将来性に対しても着目しておく必要があります。

一方、例えば同じ旧態依然とした産業に属する企業の営業職であったとしても、「その中で商品の価格競争と営業の馬力で勝とうとしている企業の営業職なのか」「旧態依然の業界だからこそ、新しいテクノロジーの活用余地が大きく、そこのプロトタイプが既に完成し、その拡販を担う営業なのか」によっても意味合いは全く変わってきます。

やはり転職者として狙いたいのは後者のような〝将来〟に対する機会です。これまでのやり方の欠員補充のようなポジションは正直、新卒生え抜きのほうが実績を出しやすいので、自分が「将来」に対して貢献できる立ち位置で入れるか否かも重要な基準になります。

三つ目が「その会社の組織風土は自分にマッチしているか?」です。これは皆さんの活躍可能性に影響しますので非常に重要な観点です。最近、国内の人口減少と転職市場の活発化で若手の離職に悩む日本企業が急速に増えてきており、組織風土や社員のエンゲージメント向上といった活動に本気で乗り出し始めています。また最近ではＯｐｅｎＷｏｒｋ（旧Ｖｏｋｅｒｓ）や転職会議日記などの企業の組織風土に関する口コミサイトも非常に充実してきています。

- そもそも組織風土やエンゲージメント向上に対する活動をしている会社か否か
- 口コミサイトに記載されている情報と自分の働くスタイルに大きな齟齬はないか

など、をしっかりと確認の上で候補先を選ぶ必要があります。特にこの組織風土の部分は「自社の常識は他社の非常識」ということが多々発生する要素ですので、環境面の自分とのマッチ度についても転職候補先を選ぶ基準にいれるべき軸となります。

ＶＵＣＡの時代における良い転職と悪い転職

さて、ここまでＶＵＣＡの時代の転職についてＨＯＷの部分を紹介してきました。テクニカルな部分ももちろん重要なのですが、やはり強調したいのは企業選びの項で触れた「その会社の事業・経営ビジョンに共感・コミットできるか？」という点です。逆説的な表現になりますが、変化の激しい時代だからこそ、個人としてのぶれない軸がより重要度を増してきています。

その会社の事業・経営ビジョンに心から共感・コミットするには、応募する個人一人ひとりが「私は何ができて、何をしたい人間なのか」について、より明確な意思を持つ必要があります。その意思を実現する、もしくはその意思を見出すために「幅のある修羅場経験」を獲得しようと前に進むのが良い転職、逆に確たる意思がなく流されるようにしてしまう転職が悪い転職です。「何となく華やかな業界に行きたかった」「給与が高いから転職した」「職場の雰囲気が悪かったから辞めた」という転職パターンです。

著者が所属するコンサルティングの業界も、転職時のミスマッチが大きい業界の一つです。「コンサルタントって何となくかっこいい」「外資系コンサルは年収が高い」という動機で転職してくる人が後を絶ちません。しかし、このような動機で入社すると、大抵うまくいきません。

コンサルティングの仕事のうち、表に立つ仕事は一部で、大半はデータ分析やスライド作成など地道な作業の積み重ねです。また、常に高い品質でのアウトプットが求められるため、プロジェクトマネージャーから常時フィードバックを受けます。次々と修羅場を経験する中で、センスの良い若手コンサルタントがすごいスピードで昇進の階段を駆け上がっていくことも珍しくありません。

そんなときに、本人を支える力になるのが、「私は何をしたい人間なのか」という強い動機です。一方、希薄な動機で入ってきた人は、この時点で挫けて次の転職先へと移ることが多いと言えます。

コンサルタントの中には、「日本の組織と人の生産性を革新する」「社会に大きな一石を投じる」「関わった顧客企業を全て成功に導く」といったような青臭い野心を持った人が数多くいます。意外と思われるかもしれませんが、厳しいプロジェクトが終わったときには、コンサルタント同士で飲み明かしながら、将来のキャリアや野心を語り合うものです。

「良い転職」とは大きい志を持った転職です。皆さんも転職するときは、「良い転職」となるよう強い意思を持つことをお勧めします。

「逃げるが勝ち」も時として重要

転職のパートの最後に、今までとは少し毛色の異なる話をします。世の中には様々な企業がありますが、残念ながら劣悪な職場は存在します。いわゆるブラック企業を指しますが、個人の努力ではどうにもならないことがあります。パワハラ上司やモンスター部下なども同様でしょう。そこで「耐え忍ぶ」ことには、意味がありません。責任感の強い人ほど、自分で抱え込んでしまい、壊れるまで「耐え忍ぶ」傾向があります。また、自分が辞めたら、他の人に迷惑がかかってしまうという罪悪感から「耐え忍ぶ」人も多くいます。

しかし、あなたがいなくとも、会社が潰れることはありません。一時的には周囲に負荷がかかりますが、3カ月もすれば、あなたが存在しないのが当然かのように組織は回ります。

一方で、心が折れてしまい、病気などにかかると、誰もあなたを守ってはくれません。程度によっては、あなたの人生やキャリアを台無しにすることもあります。意思のない転職は「悪い転職」とお伝えしましたが、緊急避難は「悪い転職」には入りません。あなた自身を守るために、「全力で逃げること」は立派な意思です。世界は広く、あなたが未だ経験していない楽しみや喜びにあふれています。

あなたの職場だけが世界ではありません。もし、自分のいる職場が自分を壊すリスクがあるのであれば、社外に目を向け、外へ飛び出す勇気を持ちましょう。

ＶＵＣＡの時代に問われる強い〝意思〟を世界で磨く

さて、ここまでグローバルキャリア、出世、Ｂ面（複業）、転職といったＶＵＣＡの時代に求められる条件を伸ばすために日本人ビジネスパーソンが選択し得るいくつかの選択肢とその実態について述べてきました。情報が不足しているから行動ができなかったという人はぜひとも本章を参考に明日から行動してほしいと思います。

ここまで述べてきた通り、ＶＵＣＡの時代に成功するキャリアを築くには動機や性格特性といったパーソナルな深い部分の探求からグローバルキャリア・出世・転職の方法論のノウハウ取得までをフル稼働で実行する必要があります。だからこそ改めて自分のキャリア開発について個人個人が正面から向き合い、強い意思を持つ必要があります。

「〝今〟、あなたは何ができて何をやりたい人なのか？」

この問いに〝今〟明確に答えられる人はＶＵＣＡの時代を生き抜いていけるでしょう。大切なのは5年後や10年後ではなく〝今〟なのです。〝今〟この問いに自信を持って答えられない人は年齢にかかわらず過去5年、10年の過ごし方で自分のキャリア発展に対する意思が不足していたと認識されたほうがよいでしょう。

また、「何をやりたいか」よりも「何ができるのか」のほうが重要です。そしてVUCAの時代に「何ができるのか」を築いていくのは経験の〝幅〟です。今の仕事で守・破・離で3年程度を目安に最大の成果を出すことに全力投球しながら、社会や労働市場の需給バランスから将来性のある仕事なのか否か。

方向転換するならばどのような方向性や業界・職種が最も自分の強みを発揮できるのか。その方法はグローバル転職なのか国内転職なのか出世なのか複業なのか……。そのような〝選択〟を自らの意思で行っていく先に皆さんにしか発揮できない希少性の高い「本物の価値」が体現され、結果的に「やりたいこと」を能動的に選択できる立場へと変わっていくのです。

VUCAの時代だからこそ「世界を経験する」ことが重要です。海外の学生は大学を卒業すると1年から数年かけてバックパック旅行をすることも少なくありませんが、その本質は「世界を経験する」ことにあるのです。日本人は自己分析というとすぐに内省に走りますが、本当の自己分析とは「世界と自分の〝違い〟を経験すること」なのです。

自分の価値観・常識が全く通用しない環境に身を置き、そこにいる人々とコミュニケーションをとり、質問を受け・投げかけ、自分の小さな「当たり前」が壊されていき、その上で自分の琴線に触れる経験・感情を積み重ねていく、それが本当の自己分析であり、これは同質性の高い日本に閉じこもっていてはなかなかできません。

テクノロジーの進化により世界はぐっと身近になりました。今我々が恩恵を受けている豊かさを実現した高度経済成長期の礎を創った先人たちは、戦後何もなかった焼け野原からまさに「世界を〝能動的に〟経験して」今の日本を創り上げてくれたのです。

人生100年時代、私たちのビジネスパーソンとしての時間は長ければ50年に及ぶことでしょう。この50年という時間を役割を終えた昭和型のキャリアモデルを妄信し作業者として過ごすか、50年という時間をかけて世界中で幅のある多様な経験を積み、誰も到達していない希少価値を提供できる人材となっていくのか。多くの日本人ビジネスパーソンが意思を持ってキャリアを選択することで、精神的な豊かさを伴った第二の高度経済成長が日本に訪れることを願ってやみません。

エピローグ

不確実な世界を楽しもう

「たかが仕事じゃないか。精一杯やってダメだったら今の会社をクビになるだけだろう」

著者が出会った海外のエグゼクティブの一人は当たり前のようにこう言い切りました。今、日本人のビジネスパーソンの中でこんなことを言い切れる人材がどれだけいるでしょうか。今回、本編の中で日本企業の抱える構造的な問題についても述べてきましたが、実は同時に私たち働く個人も改めて考え直さなければならない価値観があります。それは「会社と個人の関係性」についてです。

終身雇用の終焉は、これまでの家族のようだった会社と個人の関係性が終わっていくということを意味します。会社と個人はこれまでのようなウエットな関係性から一歩〝距離〟を設けたより対等なパートナーシップに近い関係性へと変わっていきます。

前述のエグゼクティブの言葉は、「仕事なんてたいしたことじゃない」ということを意味しているのではありません。むしろ、「仕事はたいしたことじゃない。でもだからこそ自分でやると決めたからには、与えられた役割で期限までに成果を出すためにありとあらゆる努力をするのだ。そこに一切の遠慮や忖度《そんたく》はない」という意味です。

この〝意味〟を聞いたときに著者は日本のホワイトカラーの生産性が低い原因がわかったような気がしました。調和を重んじる私たちの国民性は、一体感という強さの裏側に閉鎖性・同調圧力・過剰な忖度という危うさを常に内包しています。

どちらかというと最近ではブラック企業や過剰な上意下達によるパワハラなど、負の側面のほうが大きいように感じます。一方で私たち働く個人の側にも「まあ文句はいろいろあるけど、我慢して会社の言うことをやっていればそのうち何とかなるよ」という、どこか他責にも感じる楽観論が根づいてしまっているような気がします。そろそろ我々ビジネスパーソン自身もこの「他責的」な発想から抜け出す必要があるのではないでしょうか。

コーン・フェリーでは様々な日本企業の組織・人事面の変革をご支援していますが、本当に多種多様な職場やキャリアを担当します。そのなかには、社員が組織の方向性にコミットし、高い熱量で邁進する職場もあれば、多くの社員が不機嫌・不満の感情を抱き停滞している職場もあります。

平成の時代は、戦略の優劣や資本力が事業の成否を分けてきたので、活気がない職場でも戦うことができました。

しかし、ＶＵＣＡの時代に突入したいま、日本企業はグローバル競争に勝ち残るために変化と革新を求められています。

社員は安定と不変を求め、企業と社員の間には大きなギャップが存在します。会社任せの「他責的」な社員が多くを占める企業では、変化と革新は望めません。ビジネスパーソンは現在のVUCAの時代を認識し、自立的なキャリア形成をおこなっていくことが、個人と組織を強くするのです。著者は、本書を手に取った読者の皆さんが、自立的なキャリアを築くための一歩を踏み出し、皆さん自身のキャリアを輝かせ、多くの組織の活性化に繋がる一助になればと考え、本書を出させていただきました。

従来は、会社が雇用を保証し、社員が会社にキャリアを委ねることで会社にパワーバランスが寄っていました。しかし、今後は会社と個人の関係も対等な関係に向かっていくでしょう。VUCAの時代を生き抜くビジネスパーソンは、雇用が保証されないことを前提に、雇用され続ける力(エンプロイアビリティ)を高めることが重要です。会社が無くなっても、他の企業からも魅力的な能力・経験を自立的に身につけることが求められます。

私たちコンサルティングファームは、働き方という点では、常に時代より少し先をいっています。ノートパソコンを片手に、いつでもどこでも働くというワークスタイルは「働き方改革」が提唱される10年以上前から当たり前に起こっています。

昨今の変化では、正社員としてはファームを退職し、フリーランスとしてファームと提携しながら働く社員も増えつつあります。コンサルティングの仕事を一定割合で続けつつ、書籍を書いたり、友人の起業を手伝ったりと活動の幅を広げる働き方です。ファームとしても優秀な人材の力を使えるともに、個人としてもファームのブランドを活かした貴重な経験を積むことができます。

今後、このように組織と個人が緩やかに繋がりながら、相互にメリットのある働き方が増えていくことは明らかです。会社はただの「器」に過ぎません。1社に滅私奉公するのではなく、働く側も会社を「うまく使ってやろう」というくらいの気持ちのほうが、納得いくキャリアを歩めるものです。

VUCAの時代は、不確実で混沌とした時代です。しかし、個々人の心持ち次第で捉え方が変わります。先行きが不透明でリスクが多い一方で、チャンスが多く転がっているのも事実です。

私たち日本人は、世界の中でも長寿の部類に入り、世界で最も信用度の高いパスポートを生まれながらに与えられ、世界に誇る文化やコンテンツを持つ大変恵まれた国民です。こんな時代にビジネスパーソンとして与えられた約50年という時間、楽しまない手はありません。時代の転換点で本書を手にとっていただいた皆さんにとって、本書が「不確実な世界」を楽しむヒントとなればこれ以上の喜びはありません。

4 パターン認識力

期待水準…2つ以上

- □ 定量・定性データの分析から傾向を見出すことが得意だ
- □ 経営・事業企画、外部コンサルタント等の論理的正しさを強く求められる職種経験が3年以上ある
- □ 他者から「論理的」「説明がわかりやすい」等のフィードバックをもらうことがよくある

5 リーダーの役割を担う内発的動機

期待水準…2つ以上

- □ 昇進や権限の増加により、世の中や他者に対して現在よりも大きな影響力を持つことを好む
- □ 自分の将来のキャリアに対する明確な目標とそれを具体化するための計画がある
- □ 他者を通じて成果を出し、結果の責任は自分がとるというリーダーの役割を好む

6 リーダーに適した性格特性

期待水準…3つ以上

- □ 細部の完璧さよりも大局感や全体の一貫性にこだわる
- □ 障害、反対、妨害があっても目的を達成するためには挑戦を続ける
- □ 仕事や役割に曖昧性や矛盾があることは苦にならない
- □ リーダー的な役割がある際には自分から積極的に手を挙げる
- □ 自己認識、他者からのフィードバックともに自分は楽観的だと思う

7 自滅リスクを回避する力

期待水準…2つ以上

- □ 仕事上で感情的な起伏の問題を他者から指摘されたことはない
- □ 他者に仕事を依頼するときは細かい管理はせずに「やり方」は任せる
- □ 自分と異なるアイデアや他者の意見、新しい方法を積極的に取り入れる

7つの成長条件チェックシート

7つの条件の各設問に自分が当てはまると
思うものについてチェックをしてください。

各条件のチェックの数が期待水準以上だったものは強みとして、
期待水準未満だったものは今後の改善領域として
4章を参考に具体的な改善行動を行っていきましょう。

1 学びのアジリティ

期待水準…3つ以上

- □ 安定的な環境よりも新しい、曖昧、複雑な環境を好む
- □ 年齢、性別、国籍、職場を超えた多様性に富んだ人間関係を好む
- □ 過去の成功の継続よりも未来の新しい挑戦を好む
- □ 目標は難しければ難しいほど奮い立つ
- □ 他者から「好奇心が強い」というフィードバックをもらうことがよくある

2 修羅場経験の幅

期待水準…3つ以上

- □ 出張ではなく現地居住で1年以上の海外での就業経験がある
- □ 実績を説明できる3つ以上の職種経験がある
- □ リーダーの役割で新事業・商品の立ち上げをしたことがある
- □ リーダーの役割で既存事業・商品の撤退や売却をしたことがある
- □ 転職後に3年以上の勤務期間と
  実績を伴った転職経験が1回以上ある

3 客観的認識力

期待水準…2つ以上

- □ 現在の仕事上での自分の強みと弱みを理由とともに説明できる
- □ 所属する組織の課題に
  自分の強みがどのように貢献できているか説明できる
- □ 自分の強み、弱みについて
  他者からフィードバックを得る機会を定期的に持っている

著者略歴

柴田彰
Akira Shibata

コーン・フェリー　組織・人事コンサルティング部門リーダー

慶應義塾大学文学部卒　PwCコンサルティング（現IBM）、フライシュマン・ヒラードを経て現職。各業界において日本を代表する大企業を主なクライアントとし、組織・人事領域の幅広いプロジェクトを統括。近年は特に、全社的な人材戦略の見直し、社員エンゲージメント、経営者のサクセッション、人材マネジメントのグローバル化に関するコンサルティング実績が豊富。著書『人材トランスフォーメーション』『エンゲージメント経営』（日本能率協会マネジメントセンター）、『職務基準の人事制度』（共著、労務行政）、寄稿『企業会計』（中央経済社）『企業と人材』（産労総合研究所）ほか。

岡部雅仁
Masahito Okabe

コーン・フェリー　プロダクト部門 クライアント ディレクター

同志社大学商学部卒業後、PwCにてITコンサルティングを経験後、リクルートにて海外人材事業の立ち上げ、現地事業経営に従事。2009〜2016年までアジアの現地法人社長（上海2年、北京1.5年、シンガポール4年）として駐在し、日系企業の現地法人に人事サービスを提供。
自身も現地事業責任者として買収、事業統合・黒字化・拡大、新規事業立ち上げ、リストラ・撤退などを幅広く経験。2017年よりコーン・フェリーに参画、グローバルの人事ソリューションを大手日本企業に提供するプロジェクトに従事。執筆協力『エンゲージメント経営』（日本能率協会マネジメントセンター）。

加藤守和
Morikazu Kato

コーン・フェリー　組織・人事コンサルティング部門 シニア プリンシパル

一橋大学経済学部卒　シチズン時計、デロイトトーマツコンサルティング、日立コンサルティングを経て現職。人事領域における豊富な経験をもとに、組織設計、人事・退職金制度構築、M&A支援、リーダーシップ開発、各種研修構築・運営支援等、ハードとソフトの両面からの組織・人事改革を幅広く経験。社団法人企業研究会　記念論文「21世紀の経営とビジネスリーダーの要件と育成」に参画。

VUCA
変化の時代を生き抜く7つの条件

2019年11月11日　第1版第1刷発行

著者｜柴田彰＋岡部雅仁／加藤守和
発行者｜金子豊
発行所｜日本経済新聞出版社
東京都千代田区大手町1-3-7
〒100-8066
電話（03）3270-0251（代）
https://www.nikkeibook.com/
装幀｜新井大輔
本文DTP｜マーリンクレイン
印刷・製本｜シナノ印刷

ISBN978-4-532-32312-7　Printed in Japan